JN231925

英語ネイティブ脳みそのつくりかた

グローバル教育革命家
「タクトピア」共同創業者
白川寧々

大和書房

はじめに

「タイトルからお察しかもしれないが、
この本は、
ふつうの英語本ではない。」

英会話でも、文法でも、海外お役立ちフレーズ集でも、
試験対策でも、ビジネス特化ものでも、
簡単に話せる方法でも、親子でやりなおす何かでも、ない。

そして、英語本業界によくある、英語がもともと好きな著者が、自分の勉強法を公開したものではない（自分の英語勉強法は話の都合上、公開してはいるけど、どちらかというと笑い話としてだし、私は科目としての英語は大嫌いだ）。

年齢層も5歳から100歳まで本気でカバーしている。

じゃあ、この本は誰のための、何なのか?

これを読んでいるすべての人の、「英語、勉強しなきゃ」を終わらせる本でありたいと思う。

そして、この本を読んだ人たちが「英語が上手になる」結果が欲しいのではない。
21世紀現在、紛れもなく世界の共通語として機能している「英語」の思考回路や価値観ごと手に入れて、少しでも心が自由になることを目指している。

この本が道しるべとなる英語は、自由になるためのツールだ。

日本の語学ビジネス市場は年間8666億円で、そのほとんどが「英語の勉強」であるという(矢野経済研究所)。その真のモチベーションは、子どもでも中高生でもサラリーマンでも、突き詰めれば「憧れと自由への欲求」だ。

それを強く意識したエピソードがある。あるとき私は、英語が好きと自称し、留学も経験した女子高生の人生相談にのっていた。

「私は英語が好きなんです。でも、英語好きってこと以外とりえもなくて、やりたいこともよくわからなくて、自分に自信がありません」
みたいな内容だった。私は彼女に言った。
「いや、これは邪推だが、君の好きなのは、たぶん英語ってやつじゃないぜ」
「!?」

「だって英語って言語そのものが好きなヤツは、単語帳を愛読したり、語源の分析をしてニヤニヤしたりするタイプを言うんだ。

君は見る限りそう言うタイプじゃない。

君は、英語ではなく、英語で唄われている歌の背後の文化や、英語圏の友達と語り合ったり学んだりするときの『受け入れられてる』楽しさや、英語で書かれている本を原語で読んだとき、遠くへ行けるような気がする快感や、TED スピーカーの語る世界への憧れ……ひっくるめると、

英語を媒介にして開かれる自由な世界やその文化が好きで、
憧れていて、できれば将来そこに入りたいとも思っている、

違うかな？」

「あ、そうか。そうだったんだ !!」

その後の会話は忘れた。彼女のそのときの少し涙ぐみながらスッキリした表情は、今でも覚えているけれど。

ちなみに私自身も、英語そのものが好きだと思ったことはあまりない。程度の差だと思うが、日本語ほど詩的なことを言いにくいし（脚韻がめんどい）、単語の意味と発音に関連性が低すぎて、第一言語としてだって、学ぶのはしんどい。

私が13歳やそこらで「独学で、ネイティブなみに英語をマスターする」と決心し、実行できたのは、「英語圏でキャリアを築いて『自由に』生きてやる」という思いが、親の影響含めて極めて強固に存在したからだ。

私の両親は中国人の研究者で、私は６歳までを中国で、そして小・中・高の12年間を日本の伝統校で過ごし、同じ世代の中学生のように12歳から ABC をはじめた。

そして、たくさんの同年代のように、日本の英語教育に幻滅して手探りの独学で、「ネイティブ」を目指した。

外国ルーツを持つ私の将来のフィールドに、そもそも日本を想定していなかったので、「本当に使える英語」の取得には必死だった。

高3でデューク大学に奨学金つきで合格するまで、アメリカどころか英語圏に足を踏み入れたこともないが、その時点でTOEFL® （英語圏の大学への留学を希望する人を対象とした英語能力テスト）は満点近くを取ることができた。

今は私が口を開けばまず「小さい頃からアメリカ育ちだよね？」と思われてしまう「セルフメイド・ネイティブ」だ。

だが、私は能力が人とくらべて高かったわけじゃない。

これくらいのことは、目標や、やり方が明確であれば、日本の「ふつうの高校生」だってできる。それを証明するために、私は26歳で進学したMIT（マサチューセッツ工科大学）のMBA社会起業ファンドに私のストーリーを語り、「これで日本の英語教育をよくしてきて」と渡された5000ドルの小切手を握りしめ、タクトピア株式会社を立ち上げた。

以来、この会社で「ふつうの高校生」1万5000人以上に、英語を学んだ向こうの世界を見せてきた。

そこには、中堅校だったり、定員割れだったりしたのに、いきなり海外進学者を多く輩出し、地方公立校でありながら＊柳井奨学金に選ばれる子を輩出して話題になった、大阪府立箕面高校や新潟県立国際情報高校も含まれる。

＊柳井奨学金　ユニクロの柳井正会長が私財を投じ、アメリカのトップレベルの大学に進学する日本の高校生にかかる費用（年間７万ドルを上限に４年間で28万ドル）を支給する返済不要の奨学金

2018年から立ち上げた「教員をグローバルリーダーに」を掲げた経産省「未来の教室」実証事業の「Hero Makers（ヒーローメーカーズ)」というプログラム内では、熱意ある先生たちとのコラボレーションで、教育困難校で既存の英語の点数は低いけれど海外に強い憧れがある高校生たちへの教育ツールとしても機能し始めている。

英語教育の未来を語るとき、日本では大抵、

1. 教科、入試科目、点数
2. 実用的には、コミュニケーションの道具

のどれかの文脈で語られる。

従来の１．のまんまでは、２．の実用性が足りないので「英語４技能」やろうやろう、という話になって、１．との折り合いが付かないので、てんやわんやもめているのだが、容易に数字にはできないけど人生のインパクトとして大きい、いわば、

「英語圏に生息し、居場所を見つけ、活躍するための入口としての英語教育」

が語られることは極めて少ない。

英語教育の専門家というのは、「英語を学ばせること」をゴールにする。受験英語も４技能試験も、結局は点数だ。

だが私は、英語習得を「日本では自分は平凡だと思っていた人がユニークに輝ける可能性」の文脈で語りたいし、示したい。

空間としての英語圏は、深く豊かで、本当にすべての人間に開かれている。必ずしもアメリカやEUだけではない。英語ができれば、シンガポール、香港、マレーシア、オーストラリア、インドなど、あらゆる場所に文化、思想、居場所、雇用機会、ネットワークをつくることができる。

そして、その空間というのはクラウドのようなもので、身体は日本にいようが、どこにいようが参加することができる。英語圏住民としてインバウンド招致して地元に貢献するとか、そういう生き方だって歓迎だ（ていうか、そういう人材を作らないと、地方消滅すると言っているのは私だけではない）。

英語をツールとして教えるのではない。自由に生きるためのカギとして教えるのであるから、言語を越えたリーダーシップ教育も含まれている。

リーダーシップ教育と言ってしまうとエリート限定に聞こえるが、こちらの狙いはむしろ「ほぼ全員」にある。

これからの世界を生き抜くための武器としての
英語習得プログラム「ネイティブ・マインド」は、
既存の英語教育に不満を持ち、
社会のありかたに不満はあるが、
「そういうもんだ」とあきらめかけている、
すべての日本人を自由にするためにつくられたからだ。

つまり、タイトルの「英語ネイティブ脳みそ」とはズバリ、この「ネイティブ・マインド」が実現する世界を、愛嬌あふれる表現にしてるってだけだ。

あらためて、この本は、以下の5つのタイプの読者を想定して書かれている。

> うちの子は、世界のどこでも生きられるようになってほしいけど、受験とか勉強とかはどうしよう？　英語が話せるようになってほしいのは確かなんだけど、日本にいてそれができるのかどうか……

子どもに幸せな将来を手に入れてほしいが、「正解」が見つからず困っている親。

> 社会の常識が変わっていくなかで、ほぼずっと変わらない現行の教育への風当たりも強い。まわりは危機感を持っていない人が多いのだが、教育者としての自分の役割はこのままでいいのだろうか……

新しい時代に行われるべき教育のために行動したい教育者。

> 世界を舞台に仕事したり、英語を使った仕事をすることに憧れがあるけれど、どうやったらそうなれるのか、イメージがわかない。親も英語できないし、受験のプレッシャーもあるし、どうしよう……

未来に対して不安やモヤモヤはあるけれど、この本を手にとるほどやる気のある中高生。

グローバル方面で活躍できるようなキャリアアップをしたいけれど、イマイチ自分の成長につながっている気がしない。書店に並ぶのは英語が好きなタイプの人が書いた英語本や、前の世代の人の成功論ばかりだし、やはりMBAを考えるべきか……

キャリアアップについて迷っている大学生や社会人。

世界的なリーダー的人材育成戦争、高度IT人材争奪戦が繰り広げられているが、自分の国や組織のために、教育という角度から出来ることはなんだろう

政策関係者や経営者など、次世代人材育成の面で今後の国や組織の行く末を戦略的に考えているリーダー。

日本人は、年齢にかかわらず、英語をもっともっと自在に操ることができれば、確実に世界で輝く可能性を秘めている。

「世界レベルでは決して低くない学力」やガッツや個性を発揮して、能力に相応しい価値を生み出せるシステムをつくったら、日本で今、表出している人材問題は、大抵なんとかなるんじゃないかと本気で思い、私はこの本を書いた。

この本の使い方

この本では、私が考案した
「ネイティブ・マインド」
という英語習得法を紹介している。

STEP 0から順に進めていってもらうのだが、STEP 3の後半あたりからちょっとしんどくなる人が出てくると思う。

特にまだ自立して学習できないお子さんだと、母語である日本語でやるのもきついかもしれない。

そんなときは無理しないで。

成長し、反抗期を迎える頃あたりに目覚めてくれたら御の字だ。日頃から英語にまつわる話題を、STEP3の論法で「なんでだろうね」と一緒に考えるだけでも効果はある。

STEP 1やSTEP 2をめいっぱい楽しんでくれたらいい。

一方で、ティーンエイジャーより年齢が上のみなさんは、途中のステップでしんどくなっても、なんとかクリアしていってほしい。

その際、選ぶトピックを自分がハマっているもの……、たとえばジャニーズでも、ヨーロッパリーグのサッカー選手でも、お気に入りのゲームや漫画でもなんでもいい。

自分がいくらでも語れるトピックを軸にしてみると、案外進みやすくなる。

そうはいっても、お金をかけず、ふつうの子ができるだけ楽しく、ネイティブなみの英語を手に入れられることは、実績としてわかっている。

STEP 0からSTEP 6まで、自分が楽しいことをベースに、
ゲームみたいにクリアしていってほしいな。

もっと自由で楽しい世界は、その先に広がっているから。

さあ、始めよう!

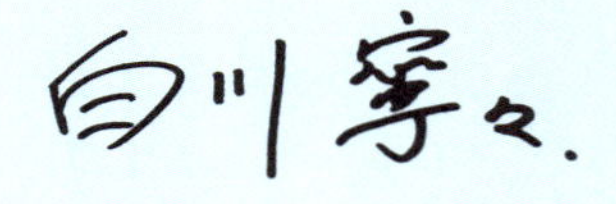

「ネイティブ・マインド」を始める前に

12歳でABCから始めた英語劣等生が留学なし+独学でTOEFLほぼ満点にするまでのゼロイチな思い出話から

CLEAR THE NOISE

英語に関するノイズを消し、ゼロベースにせよ

CAPTURE YOUR VOICE!

「声」を手に入れよ！

WHO ARE YOUR ROLE MODELS? COPY THEM

本物から学び、ロールモデルから盗め!

TELL YOUR STORY!

「英語版の自分」をストーリーにしよう！

NATIVE MIND STEP 3

HERE'S WHAT I HAVE TO SAY

意見を！ 思いを！ 文句を！ ロジカルに吠えろ！

NATIVE MIND
STEP 4

I WANT TO LEARN THE COOL STUFF

英語で英語のまんま、探究的に学問しよう

HERE'S HOW TO CRASH STANDARDIZED TESTS

英語4技能のためTOEFL®を破壊的に攻略すべし!

MAKE A REAL IMPACT WITH A STORY

世界をどう変えたいかって話をしよう

「ネイティブ・マインド」を始める前に

12歳でABCから始めた英語劣等生が留学なし+独学でTOEFL®ほぼ満点にするまでのゼロイチな思い出話から

1 英語劣等生だった私が、英語習得法をつくるまで

日本人が、英語できないのはなぜか？
「教材が悪いから」
「メソッドが適切ではない」
「そもそも英語よりまず国語を……」
こういった日本の教育界の議論を、そもそも英語をまともに話せるのかが疑わしい日本人同士が言い争っている場面を、私はこれまで幾度となく見てきた。まったく本末転倒で時間の無駄だ。

時間の無駄じゃないというのなら、「自分のメソッドで育った生徒がこれくらいできる」「いやいや自分の生徒こそ」と成果のほうを自慢してくれ。

小中高大かかわらず、そして私が中学生だった時代から今に至るまで、日本人が学生時代に「自分は英語ができる人間になるぞ」と心に決め、行動に移すには、**単純な勉強をがんばる能力以上に、「まわりと違う人間になる覚悟」「人としての強さや勇気」が必要だ**っていう現実がある。別名狂気ともいうが。

私のアメリカ生活もかれこれ14年になる。

学部生時代を過ごしたデューク大学でも、最初に就職したKPMG（大手コンサルティング会社）米国支社でも、MIT（マサチューセッツ工科大学）のMBAで起業してからでも、「日本人

はみんな英語ができないのなら、日本育ちの君は、なぜそれを俺にネイティブと同じノリの英語で説明しているんだ!?」みたいなことを、たまに聞かれることがあるが、

I learned to speak English as a rebellious act.
(私が英語を独学で学んだのは、10代の反抗期だったからよ)

という返答が気に入っている。
そんな私は、「英語」という教科を習い始めた頃、ただの劣等生だった。

英語っぽい巻き舌を前のめりでする「恥ずかしさ」との闘い

私が英語をまともに学び始めたのは、中学入学の12歳からだった。個性重視(という名の放置)かつリベラル系のフェリス女学院は、英語教育にとても力を入れているとの評判で、当然楽しみにしていたわけだが、勇気が必要な場面はすぐに訪れた。

先生「前からひとりずつ、My name is XX, and I was born in XXX と自己紹介してください」
1870年創立、アメリカ人女性宣教師によって建てられた元祖外資系とはいえ、クラスメイトはほぼ日本人。帰国子女もいたが、大半が英語初心者なので、当然日本人っぽい発音が続く。
その中で、自分の番が回ってきた。

「アイ　ワズ　ボーン」ではなく「アイワズボーRN」と、私はRで舌を巻いた。中国語子音には、舌巻き音が存在するのだ。

その途端、ざわっ。

まわりが顔を見合せた音が瞬間的に響いた。気のせいではない。その後も、「寧々ちゃんってあの英語の発音がいい人だよね」みたいな評判になることが多々あったから。

だが、白状しよう。

いくら目立ち方に悪意がなくても、まわりが好意的でも、わが母校が違いを尊重する学校であっても、「まわりに合わせてカタカナっぽい発音でやり過ごしちゃおうかな」という自分へのプレッシャーに押しつぶされそうになったことが何度もある。

それだけ、毎回目立つというのは、心身に負担がかかることなのだ。

現実、日本の学校でこの行為はかなり難しい。→

この問題が
わかる人？

私のように中国生まれの日本育ちで、「他者と違うこと」をアイデンティティの拠り所にするタイプの人間でさえ、「日本の学校に通いながら英語を本当に習得する覚悟」というのは、そういうプレッシャーがある世界なのだ。

英語が完璧なホンモノの帰国子女ですら、この流れで発音を捨てることさえあるそうだ。

あのとき、教師がカタカナ発音を徹底排除したり、恥を捨てテンション高くしゃべる指導をしてくれていたら、私はそんなプレッシャーから解放されていたかもしれない。

だが、残念なことに、授業はすぐに「Be 動詞の解説」へ移り、もともと落ち着きがなく ADHD 気味で文法を学ぶ意味がさっぱりわからなかった私は授業を聞き流し、単語テストで毎回５点/20点を取り、中学１年のときの英語成績は５段階評価で３に終わった。

氏名	白川 寧寧

学習成績 教科の評定	国語		社会		数学		理科		外国語（英語）	
科目項目	講読	文法古典	日本地理 日本史 政治	世界地理 世界史 経済	代数 α	幾何 β	1分野	2分野	会話	講読
前期	9	7	8	9	7	8	8	8	9	7
後期	8	8	7	9	7	7	8	8	8	7
学年	4		4		3		4		3	

かなり勇気を持って公開する。１年時の成績表だ。英語が３であるだけではなく、他の教科もなかなか苦しい様子が伝わるだろうか。

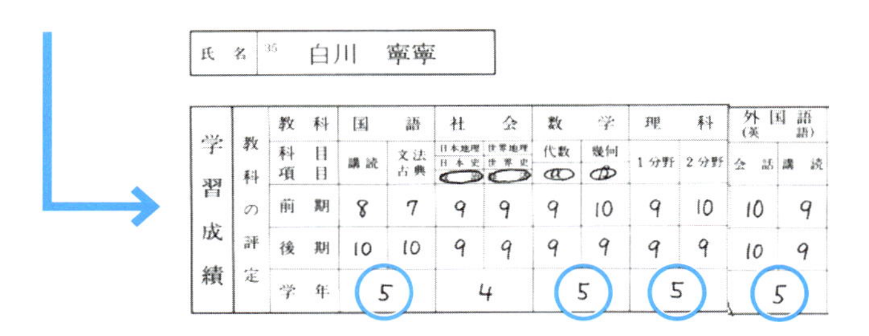

氏名	35 白川 寧寧

学習成績 教科の評定	国語		社会		数学		理科		外国語（英語）	
科目項目	講読	文法古典	日本地理 日本史	世界地理 世界史	代数	幾何	1分野	2分野	会話	講読
前期	8	7	9	9	9	10	9	10	10	9
後期	10	10	9	9	9	9	9	9	10	9
学年	5		4		5		5		5	

英語に自信をつけた結果が出たあとの３年時の成績表で、英語以外も上昇したのは、おそらく学び方の自信の波及効果だろう。

2 スポ根なみに英語を「死ぬほど丸暗記」した結果

微妙な成績がつく

私はこの「英語」という教科ができないに違いない

この流れで英語嫌いになった日本人も数多くいる。

試験や評価の内容は「文法の説明を集中して聴き、それを間違えないこと」「スペルを間違えないこと」「英訳和訳をすること」「教科書の構文を丸暗記すること」を指標とするものだった。実践的英語力の要素ではあるが、必要十分条件とは程遠い指標だ。

かなりもったいないことである。

だが、私はそこであきらめない理由があった。「英語をあたりまえのように駆使して世界で活躍する」という夢が自分のアイデンティティレベルにまで浸透していたから、ここであきらめることは自分の人生をあきらめることだった。

このまんまではやばいと思い、私は「教科書」と「教科書の勉強で微妙な成績を取り続ける自分」を否定することに決めた。

成績が悪いのは、私に英語の素質がないからではない。「Be動詞がどうのこうのと解説する授業」なんか本物の英語ではない！　とでも自分に言い聞かせなきゃやってられなかった。

朝夕で、英語音声を集中して聴きまくる

そして、中国で売っていたLongman出版の「NEW CONCEPT ENGLISH」に手を出したのである（アマゾンでも手に入る）。

13歳の冬のことであったか。

すごくいい本なのに当然、日本ではあまり知られていない

この教材は非常によくできていて、今でも中国人の英語学習者の間ではバイブルとされている（ちなみに私の親の世代くらいからバイブルとされているので、きわめて古い。フェリスで使われ続けている「Progress」という英語の教科書には及ばないが、実に古い）。

1パラグラフくらいのオチのついたリーディングが音声と紙面にあるってだけのものだったのだが、私はそれを入手した。

そして、頭から死ぬほど丸暗記することにしたのだ。

朝夕の通学片道40分ほどは、その教材の音声だけを片っ端から聴きまくった。効果のあまりない聞き流しではなく、頭の中で文字が浮かぶよう、集中しながら聴くのである。今でもスラスラ言えるパラグラフはこれだ。

A private conversation
Last week, I went to the theatre. I had a very good seat. The play was very interesting. I did not enjoy it. A young man and a young woman were sitting behind me. They were talking loudly. I got very angry. I could not hear the actors. I turned round. I looked at the man and the woman angrily. They did not pay any attention. In the end, I could not bear it. I turned round again. ‘I can't hear a word!’ I said angrily. ‘It's none of your business,’ the young man said rudely. ‘This is a private conversation!’

ヒソヒソ会話
先週、劇場に行った。とてもいい席だった。そのお芝居はとても面白かった。私は楽しめなかった。ある若い男女が私の後ろに座っていた。彼らは大声で話していた。私はとても腹が立った。俳優たちの声が聞こえないのだ。私は振り返った。怒りのあまりにその男女をにらんだ。彼らは気にもとめなかった。とうとう、私は我慢ができなくなった。私はもう一度振り返った。「ひと言も聞こえないじゃないか！」私は怒って言った。「余計なお世話だ」とその若い男はぶしつけに言った。「これはヒソヒソ話なんだよ！」

イギリスのおっさんの単なるボヤキだが、10代のあの頃から、私は一度も忘れたことはない。

そして、家に帰ったらシャドーイング（音声を聴いたあと、すぐに復唱する）などという甘いものではなく、

このループを回した。

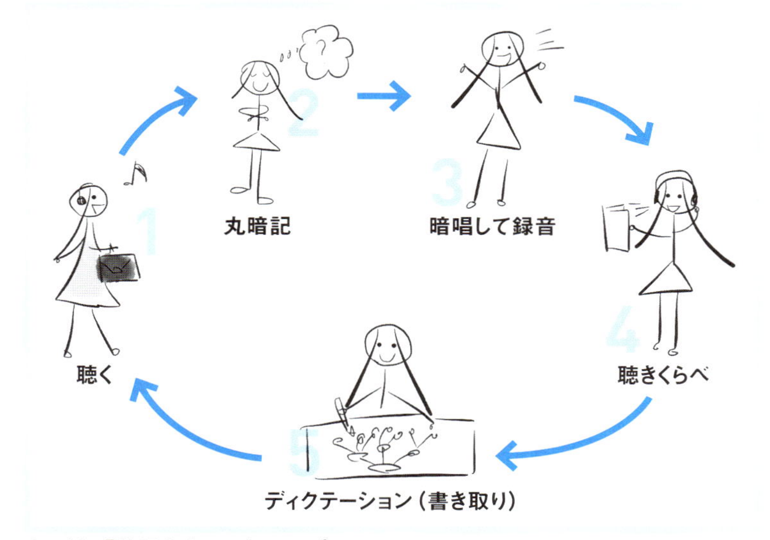

寧々流「英語を食べる」ループ

注　原理的には正しいが、あまりに「スポ根」すぎるので、この本でおすすめしようとしているメソッドではない。あくまでも私のカッコ悪い思い出だ。

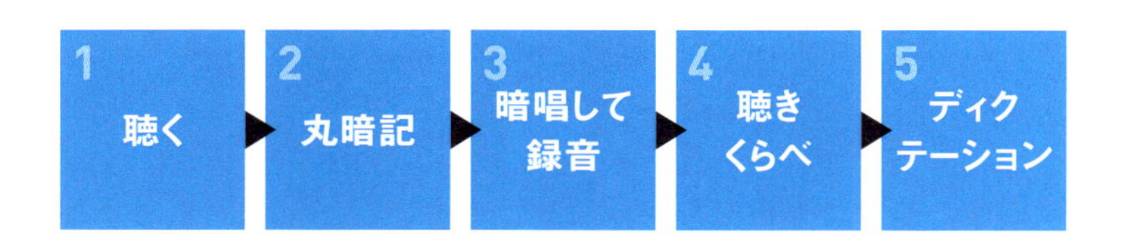

英語を学ぶというより、**「英語を食べる」**いきおいだ。

たぶん、部屋に引きこもって大声で暗唱とかしていた私は、はたから見たら頭がおかしかった。だが、「英語を勉強する」と言えば「仲間と一緒に英英辞書を頭から覚える」のが一般的だった時代に大学生だった父からは、とりあえず応援された。

父も、32歳のときに初来日して「あいうえお」から始めたクチの、しかも語学的才能がないエンジニアタイプなのだが、上記の「中国流スポ根メソッド」で日本語を習得したという（しかも腹をくくっちゃえば「辞書丸覚え」や「スポ根」は効果的だということも、父は知っていた。そうやって勉強した人たちは、教材もお金もないにもかかわらず、全員アメリカに行って大学教授になったのだから）。

それからは、英語の授業中も、おそらくほとんど他教材や小説で内職していたように思う。そのとき私は立派な反抗期かつ、中二病だったと思う。

そのスポ根勉強法をやっていたら、ほどなくして
英語力がついた！ という実感が湧いた。

朝夕に聴いていた文章の内容が頭に浮かぶようになり、さらに不思議なことに、無視していたはずの学校の英語の成績までもが、上がってしまった。文法が、理屈ではなく感覚的にわかるようになっちゃったんだから、仕方ない。

（勉強のやり方は自分でデザインするものだ、と覚悟を決めたら、なぜか他の教科の成績もやたら良くなって、中学３年時には「なんであなた、１学期で順位が90くらい上がってんの」と担任に驚かれた。うちの学校は建前上、順位がないのによく口を滑らしたものである）

その後、私の独学英語向上計画は続き、ハリポタの原書リスニングや外国人が集まる教会への侵入によって、さらに磨きがかかった。そして高校３年の夏にはTOEFLでほぼ満点（iBTであれ

ば117/120）のレベルに至る（当時、海外進学塾というものは一般的ではなかったので、全部塾なし、かつ受験回数は２回だ）。

ちなみにアメリカのトップ大学の足切りとされる点数はざっくり100点前後。その100点を取るために、日本人エリートは50回受験している。私のほかにドメドメで117取れた日本人はたぶん存在しない。

13歳からでも「日本語と同じくらい英語ができる」は可能

だが、ガムシャラ狂気時代の学習で打ち立てた基礎からくらべたら、そんなものはオマケに過ぎない。

自分の力で、他人と違うやり方で、自分だけの英語力を手に入れてやる。そうしないと自分が自分でなくなる。

そのレベルの心理的コミットメント（という名の狂気）があって、今があるのだ。

わかると思うが、
もう2ページくらい前から
能力とかの問題じゃない。

学校の先生のゴールは、「教科書のこのページからこのページまでをカバーすること」だが、**私のゴールは「日本語と同じくらいのレベルで英語が使えるようになること」**。

そのゴールに辿り着くまで、１秒も無駄にしたくない、という思いに、当時は支配されていた。

その目標からブレずにできることをあきらめずにやっていたら、

ほぼゼロ円で、高校卒業前に試験で測れる範囲では最高レベルの「英語力」を手に入れた。

アメリカ在住14年目の今では、「議論するなら英語のほうが得意」というレベルになっている。

ここまでが、私の英語習得ゼロイチ時代の、決して格好よくはない思い出である。

東大卒のエリートでも「今の英語教育だけ」では限界がある

結論から言うと、日本人が英語できないのは、メソッドが悪いのでも、先天的な能力の問題でもない。

学校教育と使い物になるホンモノの英語の致命的乖離（かいり）と、同調圧力である。

日本人で、死ぬ気で英語を使い物になるようにした人の多くは、どの時点での海外渡航であれ、

「留学のためにTOEFLやんなきゃ」
↓
難しさに撃沈！
↓
「がーん！　とりあえず点数のために死ぬ気でやらねば」

といって1、2年ほど血反吐(ちへど)を吐く思いをするパターンが多い。

「量は質を凌駕(りょうが)する」を思い知らされて急に「今までの英語学習からのゴールを変える」ところからくる血反吐である。

学校や塾が受験のために目指させる「英語力」と「本当に使い物になる英語力」は、ゴールからして違う。

前者の習得においては秀才であった日本人エリートが、海外の有名MBAなどで「外国人で随一」の英語ハンディキャップを背負う羽目になっているのも、そのへんのギャップが強い。

例えば、海外大学で勉強についていくのに(合格するのに、ではない)必要な最低レベルの英語力は、甘く見積もってTOEFL iBT100以上、そして本当に苦労せずにやっていくためにはSAT(アメリカの大学入学に必要な適正試験)高得点も必要なのだが、それぞれに必要な語彙数と、日本のあらゆる試験で必要とされている語彙数をくらべてみると一目瞭然である。

日本人が世界で活躍する場において英語で苦労するのは、次のページの図のように、「国内の受験などで求められるレベル」と「世界標準」のゴール乖離の要素がかなり強い。

なので、国内で英語が得意、あるいは試験秀才だった人間でも、海外に出た瞬間に唖然とするのは、「シャイである」「会話を学校でやっていない」などの表面的なところにとどまらず、**「そもそも会話に出てきている単語を知らず、聞き取れないし、言い**

たいレベルのことが言えない」ことが本質であることが多い。

このゴール乖離現象を背負いながら、ガチで第二言語を習得するプロセスは、本質的に自分が操舵手となって大海に漕ぎだし、自分がその責任を負う覚悟と自覚がないと、大変難しい。

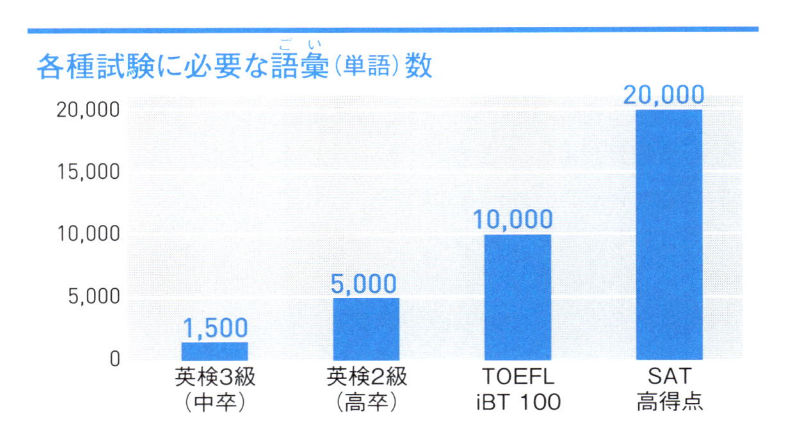

あくまで目安だ

学校で言われたことはすべてできたのに、英語を使おうとしたらまったくできないのは語彙などの「ハード数値」が要因であることも。

つまりはスポ根のようなものだ。

ともに目指すゴールを理解し、トレーニングメニューを作ってくれるコーチがいたらそれはいいことだが、自分のスタイルや内省や克己心がないアスリートは存在しないだろう。

むしろ、誰かを頼りにする受け身の姿勢こそが問題なのだ。

これまで、ベルリッツやレアジョブなど、お膳立てされた学びに何百万円も投資して、なんのリターンも得られなかった日本人を本当にたくさん見てきた。

しかし、同じ日本人でも、

「独学で好きな映画を200回観てセリフを全部覚えた」

「LGBT 当事者なので、日本語字幕がない関連の海外ドラマを死ぬほど観た」

などの**お金をかけずに勇気を持って自己流スポ根をしたタイプで、ペラペラじゃないのを逆に見たことがない。**

問題は、今の日本の、学校に通っている時代に「使い物になるほうの英語力習得」を成し遂げるには、水泳に例えるなら「学校の授業のゴールがプールサイドで教科書読みながら足をバシャバシャする」なのに、「自分だけ空気読まずに50メートルをバタフライで泳ぎきる」レベルの覚悟をする必要が出てくることだ。

個性重視、個性尊重、変人が褒め言葉、という私の母校にあってでさえ、それは多少の勇気が必要なことだった。

私以外に、この道をひとりで歩かせるのは酷すぎることじゃないか？

私の自己流スポ根勉強法を、そのまんまあてはめて、うまくいくとは思えない。

この同調圧力大国の日本において、どうやったら、

1. 学校教育のゴールとホンモノの英語との乖離に振り回されず
2. 世界で活躍できるレベルの英語力を手に入れ
3. あまりお金をかけずに、ふつうの子でも
4. できれば楽しく（←ココ重要）勇気を出させてくれて
5. 自分らしくこの乱世を生き抜く力が手に入るのだろうか？

その答えを探しに、私はMIT在学中に起業した。

結論から言えば、私がボストンの寒風吹きすさぶ学生アパートでつくり出した「ネイティブ・マインド」は、

「ちょっと英語が好きな英検2級レベルの高校生」を
「高卒前に独学でTOEFL iBT 100前後を取得」

つまり、**東大よりランキングが上位のアメリカの名門大学に進学できるレベル**
に転じるくらいの実績は、たくさん出してきた。

キーワードは、たった3つ。

「勇気と、道しるべと、仲間」である。

3 ちょっと待て。「ネイティブ・マインド」とは、なんなんだ？

「日本人は本当に通用する英語ができなくて、それで精神的にも経済的にも損しているから、安価で誰にでもできる方法を開発して日本を変えたい」

とMITに訴えたら、いとも簡単に、

「これでその問題を解決しておいで」

と5000ドルの小切手が渡され、私はMBA在学中の夏休みに日本で起業した。2013年の夏のことだ。

その夏、1か月足らずの集客期間で30名もの、

「本気で世界で使える英語力を手に入れたいが、どうしていいかわからない」

という高校生・大学生が集まり、**その中から多数のTOEFL iBT 100以上を得点し、海外有名大学・大学院に進学する者が輩出**される。

私にとって最初の教え子たちだ。私のような特殊なバックグラウンド出身者ではない。ほぼ全員が、非帰国子女の日本人である。

なぜ、彼ら彼女らは、たったの15時間のプログラムで、その後どこにもお金を投じることなく、当時「日本人の高校生には無理」と専門家が堂々と公言していたレベルの英語力を高卒までに手に入れることができたのか？

先にも記したが、同じ点数を日本人エリートビジネスマンが叩き出すのに必要な平均受験回数は30～50回で、必要塾代は平均200万円である。

なぜ、英語の専門家でも教育の専門家でもない、仕事歴といえばグローバル企業でコンサルをちょっとやってただけの当時27歳の私が、雪に閉ざされたボストンの学生アパートで開発した英語プログラムが、人の人生をそこまで変えることができるのか？

しかも、肝心なのは勇気と道しるべと仲間で、メソッドがどうでもいいなんて、「ネイティブ・マインド」って、なんなんだ？

「勇気、道しるべ、仲間」って、少年ジャンプみたいだけど何それ？

起業当時の話だが、独学で自分自身をトライリンガルにした私から見ると、日本の書店でかなりの売上を占めているはずの英語コーナーの書籍は、かなり意味不明に映った。

「英語」と「TOEIC」でゲシュタルト崩壊しそうだったのだ。

英語の専門家や英語好きな人間が、「英語をやるために」「点数をとらせるために」あるいはもっと最悪なのは「勉強させるために」書いた本しかない。

英語を学んで、どこに行きたいの？

メソッド、メソッド、メソッド、継続は力なり、メソッド、メソッド……。

この方法がいい、あの方法がいい、そもそも英語とは……うるさいんだっつ——の！

日本の英語教育は、8600億円市場なのに英語の世界ランキングが最低レベルなのもわかる。「英語ができるようになること」ではなく「英語の勉強をすること」が勝手に目的化される構成だからだ。しかも、

1. 学校で10年近く勉強したのに、実用的にはまったく英語ができない（ほぼ全員）
2. （いろんな事情で）英語ができるようになりたいから、仕事や学校の合間の時間と、お金を使おう！
3. やっぱり、できるようにならない。自分がちゃんとしなかったからだ！
4. 次こそは……

のループで、お金が回るようになっている。

ふつう、人が何か夢や目標を持ってそれを達成しようとするとき、次の３点が重要になるはずだ。

1. どこに行きたいの？（目的地）
2. 自分は今どこにいる？（スタート地点）
3. どうやってそこに行くの？（道筋＝メソッド）

巷の英語書籍や英語系講座、そして塾や学校は「英語」とつく「教科」であるがゆえに、学習者が「英語話者としてどう生きるか」「どんな長期的なゴールを持つか」「どうなりたいか」ということは無視して、「ビジネス英語」「英会話」「英文法」「なんとかかんとかメソッド」と、細切れの何かを押し付けるようにできている。

とりあえずのゴールが「大学受験」「TOEICでXX点取る」などの「あなたが英語が『できる』かどうか本質的にはどうでもいい短期的指標」である場合も多い。

けれど、気づいてほしい。
それら短期的ゴールの先に「英語が話せるあなた」はいない。
目指していないゴールには、たどり着けない。

「過去50年、日本人の英語力をあげようと努力してきたが、目標からは遠ざかるばかりだ」と、英語教材大手企業の創業者も嘆いていた。
ゴールが「英語を学ぶこと」に設定されてる教材ばかり作るからじゃない？　と私は思ったけれど言わなかった。大量のお金や時間、血と涙を投資して、「英語が話せるようになりません。日本人の限界だと思います」ってそれ、違うから。

「1．目的地」と「2．自分の位置」をないがしろにして、「3．あるメソッドで勉強すること」を目的化してウロウロしてるだけなら、永久にできるようにならないのはあたりまえだから。

そして、この本についても、「また新しいメソッドか。どれどれ。今度こそうまくいくかなー」と開いている人がいるに違いないのだ。

そういう日本人に多い「英語勉強法・迷走現象」に陥りっこない設計にしたから、「ネイティブ・マインド」はうまくいったのではないかなと思う。

はい、「ネイティブ・マインド」とは何か、答えましょう

ネイティブ・マインドは、英語を「ただのコミュニケーションの道具」とは考えない。
あなたの母語が、「ただの同胞とのコミュニケーションのツール」ではないように。

ことばの役割のなかで、「伝達」はごく一部に過ぎない。
いままで、日本語で生きてきた人生を振り返ってみてほしい。

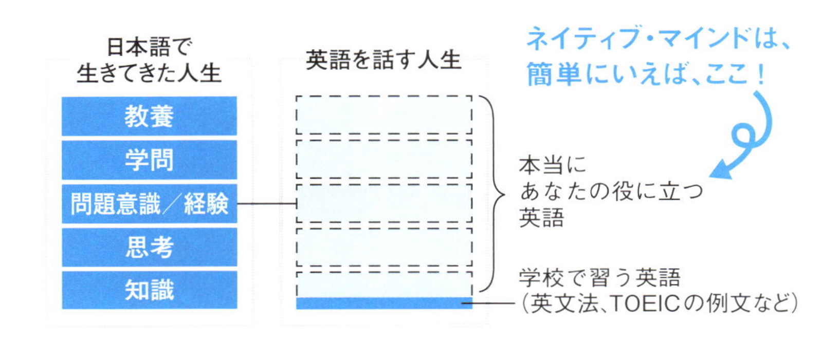

図に挙げた教養、知識、学問、問題意識や経験、思考だけではなく、あたりまえの日常、好きなものや嫌いなもの、キャラ設定

や、笑いのツボや感情の変化のクセ。今まで日本語で紡いできた人生を考えてみてほしい。

そこにはあなたのストーリーがある。他の誰のものでもない、教科書などには規定されない、あなただけの物語は、今のところ、日本語で書かれている。

これを全部、あなただけの英語バージョンで表現し、英語を行動・思考・表現のツールとして使いこなし、地理的な意味ではない英語圏住人の一員になること。英語と日本語両方で人生を紡ぐこと。

今の自分の中身を辞書引っ張って英訳することではない。英語を自在に操り、夢を叶えたバージョンのあなたを、つくるのだ。

英語を学ぶこと、それは英語版の未来の自分をつくることに他ならない、と考える。

種あかしをすると、私のプログラムに来てくれた子たちは、「私という存在」を道しるべにした。そこから自分の将来を見つめ直し、自分なりに「海外有名大学を経てグローバルに活躍すること」を目指し、それを逆算して英語力を向上させ、同じ目標を持つ仲間と独学を継続し、世間一般と違うゴールを目指す勇気を継続させることができたから、英語は結果的についてきたのだ。

なんのことはない。ネイティブ・マインドが、
「英語というスキルを効果的に学ばせるすごいプログラム」
ではなくて、

「英語版の自分をつくり上げて、自分自身をすごくするプログラム」

だからである。

そして、おそらく巷のどこの教育系商品よりも「英語を手に入れた先」を意識させるメソッドだからに他ならない。

「今まで、自分は変わり者で、学校でも浮いた存在だと思っていたけれど、ここに来て、世界は広くて自分はこのままでいいと初めて思えた。これからは迷わず夢の実現に向けてがんばる！」

「自分は、英語が好きっていう以外にとりえがない存在だと思っていたけど、自分の憧れは"英語"じゃなくて、実は英語圏で自由に生きることだったんだって知って、目指すものができた！」

と宣言してくれた教え子（特に女の子）がたくさんいて、私が与えているのは英語ではなく「未来をつくる」勇気だったんだなと気づいた。

「誰にも理解されずに苦しかったとき、僕を救ったのは、本の中の人でした」（植松努）

民間宇宙開発と感動的TEDトークで有名な植松さんのことばを思い出した。

彼は、学校であらゆる教師と折り合いがつかず、憧れていた宇宙への夢を「そんなのお前にできるわけがない」と否定されていたとき、同じく学校で「お前は無理」と言われても独学で一大発明家になったエジソンをはじめ同じような苦しみを乗り越えて成功した人間を道しるべにして、自分自身の夢を守ったのだという。

おそらく彼にとって、何よりも勇気づけられることは、「学校でうまくいかなくても、周囲にバカにされても、夢を叶える人がいたという前例」なのだ。

道しるべとは、つまり前例であり、ロールモデルだ。

難関中高一貫校生がコンスタントに東大合格者を出し続けるのも、最近一部で海外トップレベルの大学への進学者が増えたのも、純粋な能力よりも「先輩が行ったのを見たから自分もできるに違いない」と行動に移し、やってみたらできた！といった要素が強いからに他ならない。

ちょっと一般的でないゴールやハードルが高いゴールほど、道しるべは力になる。

将来のぼんやりイメージ

世界で活躍するかっちょいいキャリアウーマンになりたいな
▶英語ができるのはあたりまえ

私はちなみに、英語を学び始める前から、英語が最低条件である「世界で活躍するキャリアウーマン」を意識していたため、「英語で全部できるようになるのがゴール」なのは最初からあたりまえだった。

小さい頃から「英語もできたら将来トライリンガルだね！すごいね！」と言われ続けるのもおそらく効果がある。

英語は好きで憧れるけど、どこに向かってがんばるんだろう?

先生も話せないし、自分には一生無理かな?

いろんなメソッドのとおりに勉強しても、学校に言われたとおりにしても、どこへ向かっているのかわからないし、英語はいつまでもできる気がしない。

英語で世界を飛び回るのが目標だから、TOEFL100とか大学入試は通過点だね。
あの先輩ができたから自分も!
あ、あと冗談が言えてキャラづくりもしなきゃだっけ?

これを読んでいる子持ちの人も、子どものときから英会話にX万払うより、「××ちゃんは将来バイリンガルになるんだもんね」と言い聞かせたほうが効果的かもしれない。

勇気のコストを最小化するために、「道しるべ」や「仲間」が効果的。今がんばっていることを「あたりまえにする」から。

もちろん上記は、たまたま私に憧れた子たちの話だ。夢や具体的なやりたいことがどうのこうのは関係なく、海外進学や就職にも関係なく、誰でも英語というものに1秒でも時間を費やすのなら、目指すゴールは「英語版の未来の自分をつくること」であるべきだ。

ほぼすべての「あたりまえ」は思い込みだ

勇気とはすばらしいものだが、心の消費コストが高いものである。つねに不安と恐れと背中合わせだからこそ「勇気」なのだ。

ナポレオンその他、「勇気を持って人類が誰もやったことのないことを成し遂げた」人物も、成し遂げる前に歴史上の他の「人類が誰もやったことのないことを成し遂げた前の人(アレキサンダー大王とか)」のストーリーを学ぶことで、不安を消し去ってきた。そういうものなのだ。

教育乱世の今において、また他のすべての乱世の折も、「歴史」や「本質」が見直されるのは、そういうわけだ。

人間ってそういうものだから。いろいろ不安になってはじめて「なんであたりまえがあるんだっけ？」と見直しはじめるものだから。

その**消費コストを最小化するのが、道しるべ、そして同じゴールを目指す仲間の存在である。**

私のプログラムでは、みんなが英語版の自分の未来を語り、プレゼンをし、冗談を言った。

地方の公立高校などで「自分はがんばってもできるのかなあ」と迷っている団体に講演するときは、特に意識して、「東京や横浜の子も今これでがんばってるし、きっとできるよ！」と他の仲間の存在を意識させた。

反面、日本の英語教育の今後を決める会議では、当然のように、「日本人なのでネイティブを目指すことはできない」
「TOEFLも高校生ならば60点程度が精一杯なのではないか」
などという議論が今も交わされている。

「本当にグローバルな場に立ったら、TOEFL 110点でも足りない」と言われ続けた教え子たちは、当然のように通過点にしたのに。

ほぼすべての「あたりまえ」は思い込みだ。

ネイティブ・マインドは、グローバルで活躍する常識を織り交ぜながら、日本のわざと成長抑制しているような英語教育から学習者を自由にし、「未来をつくる側」に回ることをゴールとしている。

そのためには、まず「あたりまえ」の刷新である。

CLEAR THE NOISE

英語に関する ノイズを消し、 ゼロベースにせよ

1 「英語の勉強」は1秒でも早く卒業すべし！

「ネイティブ・マインド」を始める前に、世の中のあらゆる英語ノイズから自由になろう。あらゆる日本の「英語本」に出てくるフレーズの中で、一番うざいものは、

「最後にみなさんに贈りたいコトバがあります。
継続は力なり」

ってやつである。日本人英語の呪いのコトバだと思う。
それができたら苦労しないんだよ！ていうのがまずあるが。
ていうか、つまらなくても継続できる前提なら、わざわざあなたの本買わずに辞書覚えてるほうが安上がりだっつうの。

メソッドばかり強調する、おそらく「英語好き」によって書かれたそれらの本たちは、学習者がなぜ英語をやろうとしているのかを考えもしない。だから「英語の勉強が目的化」するのである。

私は英語という言語というより、英語がキーとなって自分を自由にしてくれる人生に興味があるので、「ネイティブ・マインド」学習者へは、「英語の勉強」をする期間が最短になることを祈る。

ダイエットや禁煙と同じく、継続を力なんぞにしてたら、ゴールは遠のくばかりだ。

だいいち「英語本」でやる勉強は楽しくなんかないのだ。だからやり遂げるのが難しい。

楽しいのは、ある程度足腰が鍛えられたあとで、「英語を英語として楽しむあたりから」なのである。

日本語字幕なしで洋ドラを観たり、三面記事を読んでくすくす笑ったり、英語話者と言語の壁を越えてその洋ドラや三面記事のことで一緒にくすくす笑って言葉の通じる友情を育んだりするところ「から」である。

水泳だって、25メートル泳げてからが楽しいし、楽器だって、好きな曲が弾けるようになってからが楽しい。

『スラムダンク』の**桜木花道だって、シュートの練習からが楽しいのである**。

だから、本書ではそんなコトバを贈る代わりに、一刻も早く「勉強」を卒業すべし！　というコトバを贈ろう。

ネイティブ・マインドは、「楽しさ」を重視。だがそれでも

ネイティブ・マインドは、楽しさの強調によって、その足腰が鍛えられるまでの過程をだいぶ意味あるものにしようとしているが、それでも疲れたときや、成長が思うように実感できないときは必ずある。

特に、英語に限らず、言語力の伸びは自分より背の高い階段を登っているみたいなものだ。

「ネイティブ・マインドの3原則」はコレだ！

楽しくなければ
身につかない

つくらなければ
身につかない

「本物」じゃなければ
身につかない

よじ登ろうとしても、力尽きて落ちることがある。

がんばって次の段階に立てば、また次の段がある。あらゆる反復練習を必要とする活動（特にスポーツ）などでは、何度も何度も挑戦しないとできるようにならない技があるが、できたあとは忘れない。それである。スポーツをやらない人的には、「RPG（ロールプレイングゲーム）のレベル上げ」だと思えばいい。

そういうときには、
「今、次の段を登ってるんだから、すぐできないのはあたりまえ」
とまず、**自分を許そう**。

そして、挑戦する自分を応援しよう。大丈夫、できないのは一時的なものだ。スポ根と同じじゃないかとたまに思う「グロース・マインドセット」ってやつである（グロース・マインドセットとは、自分の才能や能力は、経験や努力によって向上できるという考え方のこと。反対の概念として、「自分は生まれつき才能がない」「今できないから一生できるようにならない」という考え方がある）。

でも実は「いいわけマインド」が一番の敵だ！

だが、そうやって弱っているとき、日本の英語教育の現状と、アホ言っているおじさんたちを無視しないと、難しくて大変なときにいいわけが湧いてくる。

結局、何かを成し遂げるときの一番の敵は、「自分自身のいいわけマインド」だ。

だが、いいわけをするのは弱いからじゃない。人間だからだ。

進化心理学の話をしよう。

基本、人間は自然界のイキモノだった時代のほうが長いので、勇気を出して「難しいことに挑戦する」行為は命を縮める。なので、やろうかやめようか「２秒以上」躊躇するような行為は、脳が「やめとけ、なぜなら…」と自動いいわけ生産モードによって説得にかかる。

運動しなきゃ…（やだなあ）→
（脳内ボイス）「外は寒いよ！　今外に出たら風邪引いちゃうよ！」
→ **やっぱやめよう**

私はちなみに何度もこれを経験した

あなたの脳みそは、あなたを救いたいだけだ。許してあげよう。このいいわけオートジェネレーターは、やることが習慣化していれば作動しにくい。躊躇がないからである。だが、習慣化する前にいいわけ脳に論破される可能性のほうが高い。

「ビリギャル」が慶応に受かったのは金があるからだとか、できない理由をやたら発信する風潮が強いのも、そうしないと自分に最低限の自信を保てなくなる（と、脳のいいわけモードが判断している）からだろう。

ただ、そういういいわけマインドに、「日本人の英語」がらみのノイズが引っかかると、もう目も当てられない。

英語独学者として勇気を持ち得たのも、途中で心が折れなかったのも、巷の「英語ノイズ」から、私が無縁でいられたおかげだ。

人間の生存本能は、勇気なんて死ぬ確率が高くなるものを真っ先に否定する。

だから、この数ページで、ネイティブ・マインドであろうとも英語の初期段階でしんどくなった読者のいいわけ生成機能が拾ってきちゃうかもしれない、日本の英語ノイズが出てきたら、この図を見て思い出せ！　そんなのはどうでもいいから、とっととネイティブ・マインドの実践的な話に入りたい人は、読み飛ばして次のセクションへどうぞ！

けど、ネイティブ・マインドは「ラク」ではない。
「英語ができない状態」→「英語で英語コンテンツを楽しめるレベル」までの「体育会系の夏合宿なみ」のきついスポ根「勉強段階」をゲームっぽくしたり、今もっている知識や興味を活かしながら楽しめるようにしたものであり、長引くと心が折れそうな瞬間も出てくると思う。

そんなときにはこのセクションに戻ってほしい。

覚醒前の成長過程はつねに、こうだ！

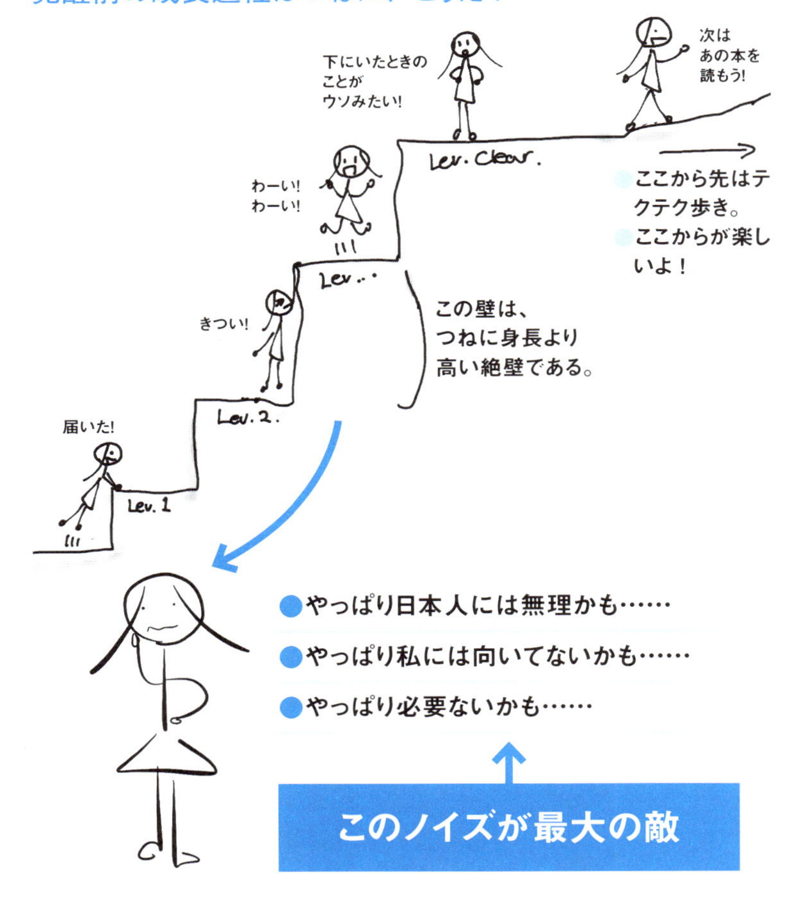

CAPTURE YOUR VOICE!

「声」を手に入れよ!

1 英語だと3歳児!?「日常レベル」に英語を忍び込ませろ!

Who am I?（私はだれ？）
まず、英語の自分の「声」を意識しよう。
このステップでは、英語でのあなた自身の「声」を獲得する。
ここがまさに、ネイティブ・マインドを育てる基礎となる。

自分の「声」とは何か。

私たちは毎日、学校や仕事場で、自分のことを家族や友達に表現している。自分の文化や知識や経験や意見、ギャグのセンスを発揮することもあるだろう。

この図を見てほしい。脳神経科学の専門家が見たらこれはインチキ脳内図だと怒られると思うが、これは私たちが母国語でもっ

「ネイティブ・マインド」ってなに?

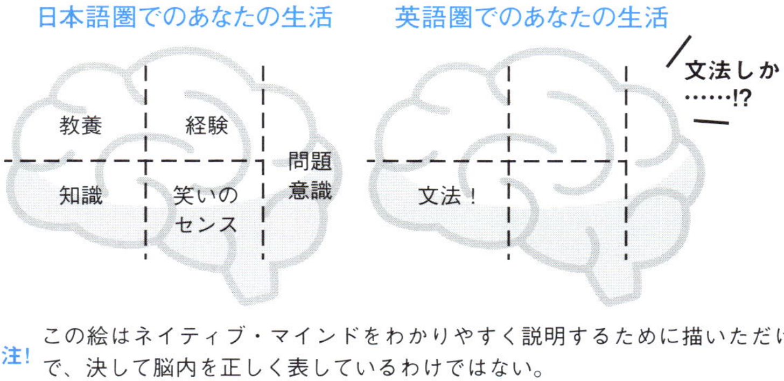

注! この絵はネイティブ・マインドをわかりやすく説明するために描いただけで、決して脳内を正しく表しているわけではない。

て表現できるものを表している。

でもこれを英語でとなると、どうなるか。英語でどのくらいのことを表現できるだろう？

今の英語教育だと、文法の知識と語彙は与えてくれるが、その知識を他の英語スピーカーに伝えるために活用できるだろうか。

例えばあなたが実はどれだけスゴイ人かってことを教えたい場合は？　おそらく「難しいや」って思う人が大半だろう。

ちなみに、語彙数が1万を超えないとスコアできないTOEFL iBT100点を、従来の丸暗記ガリ勉と丸暗記スピーキングだけで叩き出した日本のMBA友人たちは、本当に自分のことを語る会話や、文章を書く段階になると、

「おれって、英語だと3歳児になった気分だ。
すごくレベルの低いコトバしか出てこなくてびっくりする」

と、みんな言っていた。彼らは、知識としての単語はあるが、**自分の思考を英語にして即座に出すスキルや、そもそも英語圏で通用する思考方法を手に入れていない**。「英語の自分」というものがないのだ。

頭の中を「英語」にしていく方法がある

このように、英語で知っている表現と使える表現の間に大きな溝があるのは、今までの英語があなたの素敵な人生と関連づける機会がなかったからだ。国語力を上げるのに読書が有効であるのは、母

語で理解した新しい言葉を使ってすぐ思考するからだというのと同じ理屈だ。それが英語だと、**「覚えて、書いて、終わり」**になる。そのままでは、英語の知識が、あなたのすごく面白い部分――それを形作る元となった経験や教養の思考と結びつけられていない。

ここまでで、すでにお気づきかと思うが、英語で語る自分の「声」とは、英語を使ってしゃべるという以上に、

物事を認識し、考え、（心の）声に出す

という一連のプロセスを、この順番で、すべて英語でできている状態という意味だ。"表面"的に英語を使うのではなく、ネイティブ・マインドは文字通り、あなたの脳内言語を英語で表すことから始まる。

STEP1では、次の5つの順番でこのプロセスを身につけていく。早速始めよう！

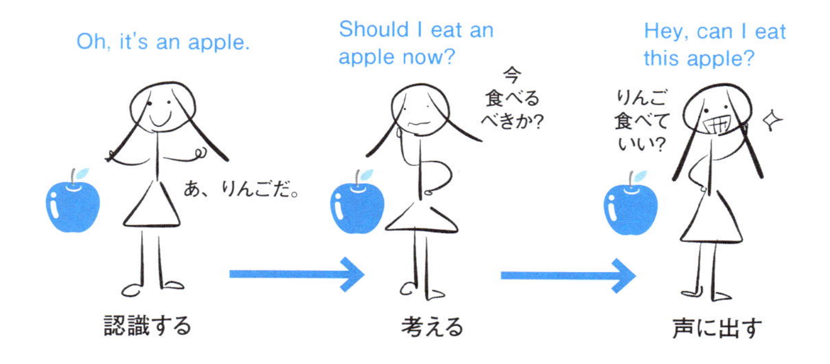

2 自分の生活圏のモノを英語で見る「ポストイット」法

たいていの人は、今までたぶん身のまわりのモノを英語でなんていうか、知っていても自分に関連づけたり、あらためて意識したことはないんじゃないかな。

「TOEFL100点以上取って自信満々で留学したのに
一旦、英語圏に行っちゃうと、“白菜”ってなんだっけ？
みたいなことがわからず無力感に叩きのめされました……」

なんて、留学した人のコトバもある。英語は勉強しているのに、簡単なモノの名前もわからなくて自信をなくすのは、「関連づけ」を怠った結果だ。

**けど、鬼のように簡単な解決法がある。
しかも、ほぼゼロ円だ。**

脳みそに、まず「自分の私物が英語でなんて言うか」を叩き込めばいい。

まず最初に使うのは、ポストイットだ。

ポストイットと「英語」で、まず自分の部屋を英語化しちゃおう。毎日何時間も過ごす場所だけど、そこに置かれているものが英語でなんと言うかわかるかな？

まず、Bed とか Window とか Wall とか、英語がすぐ出てくる部分にポストイットを貼ろう。

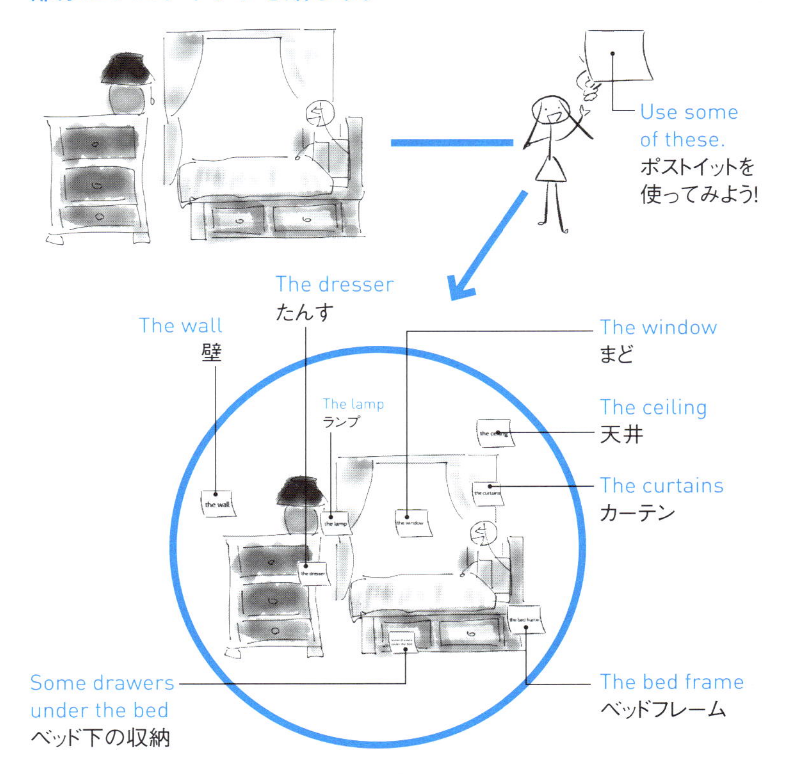

こうして自分の部屋の私物は英語のポストイットにより占領。どう、楽しくない?
(散らかりすぎてて自分の部屋に貼るのが無理? 片付けるチャンスとみるか、まだ片付いている一角だけを対象にするか、おまかせする……。それに、別に片付いてなくてもいいよ)

そうすると困り始める。この部屋より自分の部屋にはいろいろいっぱいあるんだけど、それを英語でなんていうのかわからない、と。

ベッドの下の収納、「英語で」なんと言う?

解決策はネットにあり。もちろん無料だ。図つきオンライン辞典を当たればいい。

一番老舗なのは、ウェブスターの「Visual Dictionary Online」というサイトで、これは本当に細かいものの名前がこれでもか！と載っている。ここの House → House furniture（家用家具）というセクションに行くと、いろいろな家具が出てくる。

あくまでも英語圏の家具の名前なので、Linen Chest（ベッドの足のあたりに置いてシーツを収納するためだけのでかい箱）とか、部屋面積の大きい文化圏用のなじみのない家具はたくさんあるが、逆に日本によくある「ベッド下収納」はというと……。

「あれ、ベッド下収納って、英語でなんて言おう?」
実はその、「え?」という瞬間が大事なのだ。

日本語で認識してきた世界と、英語でこれから認識する世界のギャップが明確になることが大切なのだ。

さあ「ベッド下収納」を、もし英語圏住人に説明しろって言われたら、なんて説明する？

まず、こいつの特性をばらしてみよう。

1）引き出しがある。
2）ベッドの下にある。
3）服などをしまうものである。

辞書をひいてみたら、収納は「Storage」という。
引き出しは「Drawers」だ。ベッドの下は「Under the bed」。

ここはとりあえず、「Storage under the bed」とか「Drawers under the bed」とでも表現しておこうか。

そんなテキトーでいいのかって?

文化のギャップを説明するのに、決められた正解はない。この場合、まず100%試験にも出ない。
この時点では正直、どんなに間違っていたって関係ない。
「Under the bed」が「Bed under」になってたっていい。

そういうギャップを埋めるのが、これからなんだから、まず自分の位置を認識せねば。

脳内で、私物が英語として認識されること。「これなんて言うのかな？」と迷ってとりあえずなんか知っている英語か調べた英語を当てておくこと。重要なのはここだけ。
私も初期は覚えた単語をめちゃくちゃ変な感じに使って笑われたものだ。
ここはちゃんと間違っておかないと先に進めない。
「Kids Picture Dictionary」というサイトのHouseというセク

ションにも、次の図のような、もっと可愛らしい絵がある。これを自分の部屋とくらべるだけで、軽いカルチャーショックにさらされる人もいるかもしれない。

1. bed
2. headboard
3. pillow
4. pillowcase
5. fitted sheet
6. (flat) sheet
7. blanket
8. electric blanket
9. dust ruffle
10. bedspread

こういうのを調べるのが面倒ならば、タンス→Dresserと調べたあとに、Google先生に尋ねるという方法もある。

Dresserを画像検索すると、明らかにタンスにしか見えないものが大量に姿を現すので、安心して次に進める。

どうだろう？　できただろうか？
たぶん、以下の３つくらいのカテゴリが成立したんじゃないだろうか？

1. Window や Bed など、すぐ英語がわかるもの。
2. Pillowcase（枕カバー）など、教科書に載ってないためすぐに出てこないけれど、調べたらすぐ答えがわかるもの。
3. ベッド下収納やこたつみかんなど、文化的違いが反映されているもの。

特に３．については違和感が残るかもしれないが、ここは無視してひたすらサクサクっと、家族が許す限りは、ポストイットをペタペタ貼っていこう。家具だけではなく、例えば文房具なんかにも。

家族が許さない！ とか、恥ずかしい！ という人は、自分の私物や部屋の写真をスマホで撮って、その写真を加工するという、チキンだがデジタルな形で、この「**私物の総英語化作業**」をこなしてもいい。
冷蔵庫の野菜室の中身などは貼りにくいので、この方法が21世紀的かもしれない。

3 脳内ぼやきを英語でやろう。最初はルー語でかまわない！

図のように、部屋の中のブツに英語のタグが付いただろうか。別に、これを丸暗記するのがゴールじゃない。

これらのコトバを使って、**「脳内ぼやき」**をするのが次のステップだ。

例えば、朝起きる。なんかギシギシいうので、

「The bed frame が古くなってきたかな」

そして寝ぼけ眼（まなこ）な顔にポトリと感じる水の感触に、

「The ceiling が雨漏りしてる！」

しかし窓をあけてみると、

「Outside of the window はいい天気だ」

完全にルー大柴の調子だ。

ルー大柴、誰それ？

という世代のために補足しておく。日本人コメディアンで、彼の芸風は日本語の文章に英単語を混ぜて話すスタイルだ。

「人生はマウンテンありバレーあり」

「一寸先はダーク」

「転ばぬ先のスティック」

というノリだ。

テンションがおかしいと思われるかもしれないが、これが意外と効くのである。

「英語で独り言を言おう」とアドバイスしてくる人がいて、それは独り言スキルが高ければ当然効果的なのだろうが、**私の場合は独り言ネタが何も浮かばないことがある。**

だが、前のステップを忠実にやった人からすると、嫌でもポストイットなどが目に入ってくるので、「ああ、Wallだな」「ああ、Ceilingだな」と認識するだけで、まったくかまわないのだ。

できるだけ、自分の本物の感情をコトバにするのが大事だ。

英語がわからない部分は、日本語でかまわないので、生きた英語に少しずつ脳内の思考を侵食させていく。私物の総英語化が終わったら、目に入るいろんなモノが気になって「あ、これ英語でなんと言うんだろう」という疑問が浮かび始めるから。

あなどれない「ルー英語」。かなり面白いぞ！

もちろん、脳内に留めず、友達にこんなふうに話しかけてもいいが、たいていびっくりされるだろう。

ただ、効果は間違いないので、ネイティブ・マインドをやっている友達を集め、お互いにこんな調子で話せば、結構楽しい。

だから、仲間は大切な要素なのだ。

もしそんな友達がいない場合は、ツイッターで秘密のアカウントをつくって、覚えたての単語を使って盛大につぶやこう。

大事なのは、自分のまわりのモノと英語と思考プロセスがつながることだから。

ちなみに、この「関連づけの効果」は、脳科学的に実証されている。理論的なことはおいておいて、ざっくりまとめると、

1 自分自身に関連が深いと、記憶に残りやすい（つまり私物だと関連深いので覚えやすい）。

2 自分の感情に関連が深いと、記憶に残りやすい（つまり私物にムカついていると、ついでに覚えやすい）。

3 「変なもの」「不道徳なもの」「ネガティブなもの」はより記憶に残りやすい（『うんこドリル』や『出ない順』の流行にはわけがある）。

けど、ここでは別に試験対応がしたいわけではないので「覚えること」は最上位目的ではない。

目指すべきは、「自分が使える英語を手に入れること」なので、当然調べたそばから脳内で使うことが大事なのだ。

Make it MORE personal!

4 もっともっと自分の気持ちを英語化する

これまで、身のまわりの簡単な物事を頭の中に植えつけるということをした。

けれど、もっと複雑な考えや思いを言葉にするにはどうしたらいいだろうか。もっと、他の誰でもない自分を語るにはどうしたらいいのか？

右の部屋の絵を見てほしい。

前の部屋より、ちょっと盛りだくさんになっているけど気にしない。これまでの1歩先として、**モノをモノとして認識する以上に、自分の思いや考えをそこにのせてみることに挑戦してみよう**。

例えば、この本棚に『ハリー・ポッター』全巻の英語版が眠っているとする。あなたにとって、この全巻は何を意味するのだろうか。「ハリポタは好きだけど、英語だと読む気になれなくて英語版全巻はホコリだらけなんだよなぁ」とか。

次に、この押入れ。

Japanese style closet.「このドアの部分は紙でできていて、ストレスが溜まるとつい穴を開けてしまう」。

そして目覚まし時計。「私は眠りを愛するので、毎朝コイツが憎い」とか。

A Complete set of Harry Potter series in English.
英語版『ハリー・ポッター』一式
I love Harry Potter that the English version is just gathering dust.
『ハリーポッター』は好きだけど、英語版はホコリだらけ。

The ceiling
天井

The Japanese style closet.
押入れ
The door part is made of paper.
I break them when I am grumpy.
ふすまは紙でできていて、
ストレスが溜まると
つい穴を開けてしまう。

Still leaking! Damn it!
まだ水漏れしてる！もお！

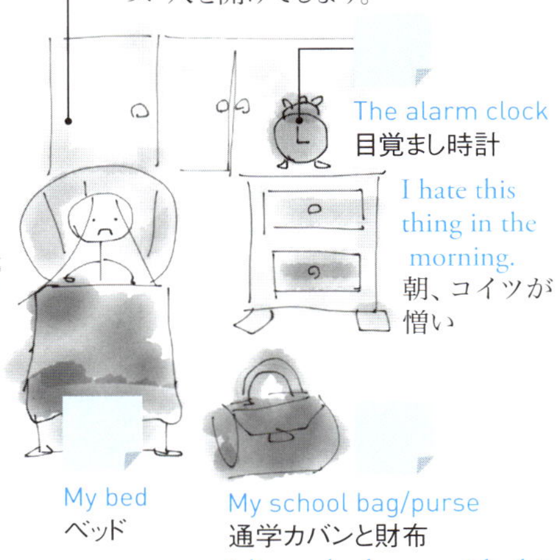

The alarm clock
目覚まし時計
I hate this thing in the morning.
朝、コイツが憎い

The desk lamp
電気スタンド
Need to change the light bulb
電球をかえなきゃ。

My bed
ベッド

My school bag/purse
通学カバンと財布
I leave the house with this everyday.
毎日家に忘れちゃう

My desk
机
Iv'e had this since I was in elementary school.
小学校のときから使ってる！

私物に「オリジナルの感想」を入れる

すべての私物に深い感情を込めることはないので、簡単なことでもいい。

椅子なら「座り心地がよくないので違うものがほしい」。

カバンは「毎日こいつと一緒に家を出る」。

デスクライトは「電球かえなきゃ」などでもいい。

天井は「最悪！　まだ水漏れしてるー（そいつは残念）」。

こんなふうに、気軽に一言入れればいい。英語のポストイットに、一言だけ自分らしさを付け加えればいいのだ。

一言入れられたポストイット

The alarm clock
I hate this thing in the morning.

これが一言そえられた「ポストイット」だ。ちなみに訳は（目覚まし時計）（私は朝、コイツが憎い）である。

あなたの私物が、新品で売られている同じ商品とは違うのは、あなた自身の物語が付加されているから。

でもわからないよね。言いたいことはあるけれど、英語でどう言えばいいのだろう？　って。

そしてその英語が正しいかどうかもいまいち自信がない。
この悩みをなんとかしなければいけない。

例えば、部屋のランプについて自分らしいことを言いたいとする。英語でいろいろ思い浮かぶ言葉があるだろう。

・自分の部屋の
・お気に入り
・母からもらった
・誕生日プレゼント

とりあえず今までの語彙や文法の知識を駆使して、文章を組み立ててみる。

My mother gave me the lamp in my room.
She gave it to me on my birthday.
I like this lamp very much.

文法的にはどこにも間違いがないのだが、ネイティブスピーカーからみると、どことなくギクシャクしている表現だ。英語を日常的に使う人っぽい表現だと次のように言い換えられる。

This is my favorite lamp.
It was a birthday gift from my mom.
(このランプはお気に入りなんだ。ママから誕生日プレゼントにもらってさ)

英語の「本物っぽい表現」を取り入れる近道

教科書的に英語を苦労して勉強し、作文を習わず例文も知らず、英語を使う段階になって「何そのギクシャク」と言われるのは多くの日本人が経験するまったくの徒労なので（私も結構苦しんだ)、我々は本物っぽい表現を取り入れる近道をする。

で、本当に流暢なネイティブ・マインドを育てるためには、フレーズの“かたまり”をたくさん知っておく必要がある。

そうすれば、あなたのアイデアの部分をすばやく正確に表現したり伝えることができる。パズルのブロックみたいなものだ。

ただ、当然思うのが、「どうやってその“かたまり”を手に入れればいいの？」ってことだよね。

答えは簡単。

本物の英語を使っている人から、表現を盗む。

とはいえ、毎日ネイティブ・スピーカーと会話しているわけじゃないのはお察しするので、代わりにこんなふうにメディアから盗もう。例えばこの画像。ネットに流れているMemeというジョークGifだが。

“God, I want a donut.”
(嗚呼、ドーナツがほしい…!!)

ここでは ”God, I want ___”（嗚呼、なんかほしい）ってい

う表現がある。これを覚えたその後は、脳内作文でも友達とでもいいから、こんなふうに使ってみよう。自分自身の日常っぽい表現か、思い切りふざけるかすると、身になりやすい。

あなたがカフェイン中毒なのに朝慌てて飲めずに外を出たら、
"God, I want coffee."
(嗚呼、コーヒーが飲みたい……!!)

朝ごはん抜きで家を出た11時、ランチタイムには程遠いとき、
"God, I want some food."
(嗚呼、なんか食べたい……!!)

はい、これで自分で使える表現になったね。ネイティブ・マインドにするには、この**「自分流に使ってみる」**ことは必須だ。

とはいえ、どういうプロセスで表現を盗めばいいの？　って思うよね。
今、英語圏で留学してます！　って人なら、いろんな人の会話に聞き耳を立てて盗むのが効率的だけど、そうでないなら、映画やドラマ、YouTubeの楽しい動画で学ぶことが基本となる。
全部理解できなくていいので、本物の英語をしゃべっている動画や音声を毎日浴びるのは欠かせないことだ。
リスニングの試験とはちょっと違う、本物のネイティブスピーカーがネイティブ用にしゃべっているそのリズム、トーン、音、そしてジェスチャーとかを取り入れるのは、英語で自分の「声」を手に入れるうえで欠かせないことだ。
これは後で詳しくやるからね。

ここで、聞き取れた表現を書き出し、かたまりで使える表現をストックし、友達や脳内、そしてツイッターで作文すると身につく。

最近は便利な「Hello Talk」というアプリができている。

英語を勉強中だと言って無料登録すれば、**英語のネイティブとチャットできるというスグレモノである。チャットはマンツーマンのような緊張感が薄いうえに、相手から口語レベルのいろんなフレーズを盗むのに最適な手段だ。**

ひとつのチャットで盗んだ表現が次のチャットですぐ使えるうえに、間違っていたら指摘して直してもらえる。

これまでやった私物について語るフレーズもたぶん、教えてもらえるからスグレモノだ。中級者以上ならこれでかなり上達する。

そうはいっても、基本的なリスニング力や語彙があまりない人にとってのハードルはまだ高いから、2つの英語の遊び方を紹介しておこう。

この一連のプロセスで使える表現のかたまりを増やすためだけに作ったのが、このゲームだ。英語圏経験がある人なら、語彙習得にこだわったApples to Applesみたいなものだと思えばいい。

英語好きな友達と一緒にやると楽しいし、何より英語がうまい人やネイティブスピーカーと時間を過ごす機会があったら、これで遊ぶと表現のカタマリを仕入れるのと使うのとを同時にできるからオススメだ。

英語の遊び方 1

「自分はどんな人間か？」自分を語るコトバ18選

ズバリ私はこういう性格のこういう人間です！　と何気なく言い切る傾向の強い英語圏人の作法にならい、ゲームとは別に性格や気持ちフレーズをちょっと補足してみよう。

まず、下記の18個の性格や状態を表すコトバと写真の図を見てほしい。

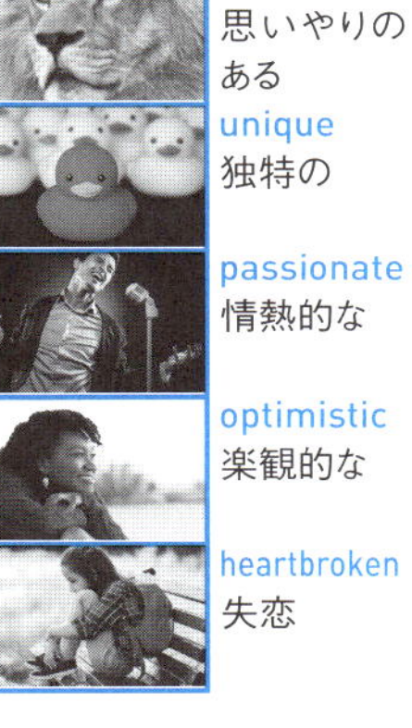

impatient せっかち	desperate 絶望的な	aggressive 攻撃的な
quiet 静かな	creative クリエイティブな	thoughtful 思いやりのある
playful 遊び心のある	productive 生産的な	unique 独特の
curious 好奇心が強い	friendly やさしい	passionate 情熱的な
overwhelmed いっぱいいっぱいな	intelligent 賢い	optimistic 楽観的な
nervous 神経質な	self-hating 自己嫌悪	heartbroken 失恋

1 ▶ 自分に当てはまるコトバを無理やりでいいから、ひとつ選んでほしい。そして、以下の穴埋めをしてみて。

I am a (選んだやつ) person, because ______________.

なんちゃらパーソンなのはわかるでしょ？「私ってフレンドリーだし！」「僕ってクリエイティブだし！」みたいなノリ。

ただ、**自分を語るコトバとして重要なのは、Becauseから先だ。**英語圏は“空気を読む”っていう行為がほとんど通用しないうえに英語はロジックを通さずには話しにくいので、何かを言い切ったあとに根拠を挙げる必要がある。

この先は、実際にフレンドリーだったり、クリエイティブだったりする具体的なエピソードを挙げないと「ふーん、だから何？」になってしまう。

私自身のキャラクターに基づいた例をまず示そう。

I'm an impatient person, because…
私はせっかちな人間です。なぜなら、

I always chew my cough drops within 5 seconds!
のど飴を5秒以内でかんじゃうからです!

2 ▶ じゃあ次は、自分はこれじゃないな！ と思うフレーズを１個選んでほしい。そして、下記を埋める。

I am NOT a ________ person, because ____________________.

英語のよさは、「他人とは違う自分」というものをはっきり表しやすいところにある。そして、自分を語るコトバは、「ある性格の否定」として、このフレーズが役に立つことが多い。

特に、語彙力のない状態で何かを表現しようと思ったら、NOTはとても使える。例えば、

例 I am NOT a playful person, because I like to be alone and read books all the time.
（私は遊び心のあるタイプじゃない。なぜなら、時間があったらひとりで本を読んでいたいからだ）

それがちゃんと言えたら、うん、つまりIntrovert（内向的）なのね！ と、英語のコミュニケーション相手は察してそっとしてくれるはずだ。

英語圏で生活してきた経験上、人と人との違いはかなり尊重されるので、ちゃんと自分はこうだからこうしてほしい、こうしないでほしい、を伝えるのは大事な処世術だったりする。

3 ▶ さて、次は、このフレーズたちをぼーっと眺めて、「強烈な親戚のおばちゃんはこれだな」と思うものを１個選んでほしい。

My aunt is a ______ person. Here is the story, __________.

例 My aunt is an aggressive person. Here is the story. When we went shopping, she tried very hard to negotiate the price down.
（うちのおばちゃんは激しいキャラだ。この前あったことだが、一緒に買い物に行ったとき、かなり激しく値引き交渉とかするんだ！）

別に親戚のおばちゃんじゃなくても、My teacher、My friend、My parents、My dentist、なんでもいい。

このMyっていうのが面白くて、例えばMy dentistなんてたまたま通っている歯医者の先生のことなのに、あたかも所有物のように彼らは語る。

特に医療関係者に関しては、Primary Doctor（主治医）という概念が濃く、健康問題で相談に乗ってもらい、何か個別の症状があっても、まず主治医に紹介を頼む。

まさに「My Doctor！」って感じなのだ。

そんなフレーズに対する面白い違和感を楽しみながらいろいろ盗んで自分で使ってみてほしい。

さて、あとは他人のことをなんちゃらPerson、Notなんちゃら Personと、できればすべてのフレーズで作文してみてほしい。

そうやって自分と関係のある人間と性格・パーソナリティを結びつけると、次そのフレーズを使いたいとき、すぐ呼び出せるから。

英語の遊び方 2

カードゲーム フレーズボックス大喜利

ルール

このゲームにはカードが２種類必要だ。

まず、「フレーズカード」。実際にメディアから盗んできた表現のカタマリを使ったりして、こんなカードをつくってみて。

私は（　誰々　）にムカついていた。なぜならヤツにとって、いつも（　モノや人や行動　）が最優先だからだ。

I was upset about (　).
For him, (　) always had to come first.

この誰々とか、モノや人や行動など、この空欄を埋める際の発想を助けるのが「ワードカード」だ。このカードは、モノや人や行動ならば何でもいい。たとえばこれ。

このようにして「フレーズカード」と「ワードカード」を組み合わせて楽しく作文しよう、というわけだ。

毎ラウンドもっとも面白い（たいていはシュールな）人が投票でポイントゲットという大喜利のような方式でやると盛り上がる。

例えばこんな感じになる。

I was upset about (the real estate agent). For him, (mopping the floor) always had to come first.

私は（不動産屋の兄ちゃん）にムカついていた。ヤツにとっていつも、（床をモップで掃除するの）が最優先だからだ。

不動産屋が人に家を売りつけるよりも、物件の床磨きを優先したら、たしかにとてもシュールだ。こんなふうにテキトーに作ったら、友達の作品とくらべて、笑って、３人以上いる場合には、一番気の利いた作品に投票しても楽しい。

覚えておいてほしいのは、**このゲームは楽しく表現のかたまりを“使う”のが大事**だってこと。

微妙に正しくなくても、この際気にしない。

例えば、Mop the floor については、名詞系の Mopping the floor にしなければ正しくないが、これからネイティブ・マインドでは、大量の英語媒体を見たり読んだり聴いたりするので、間違いはそのうち正される。

なので今は、楽しくやることに集中しよう。

とりあえずやってみたい人は、例えばこんなものはどうだろう？

“This is a big day for you.” “Yes! I'm thrilled to（モノや人や動作）.”

「きょうはキミにとって大切な日だね」
「うん、そうなの！（　　　　）するのが待ちきれない！」

“Do you like my（モノや人や動作）?”
“To be honest, I think it's（モノや人や動作）.”

「私の（　　　　）好き?」
「ぶっちゃけそれ、(　　　　)だよ」

“My doctor told me to eat more（モノや人や動作）”
“You are making that up.”

「かかりつけ医がもっと(　　　　)を食えって言うんだぜ」
「ウソでしょー!」

“My brother got away with（モノや人や動作）.It's so unfair.”

「うちのアニキは（　　　　）したのに怒られなかったんだぜ。ズルくねー?」

Think in Complete Sentences!

5 ここまできたら、英語のセンテンスで思考しよう！

フレーズも語彙も覚えたら、あとは日常で使うしかない！

わからないところはルー大柴のノリで補いながら、単語やフレーズの一部だけではなく、「センテンス全部」を意識して、まず脳内ボヤキを発してみよう。

これまで少しずつ脳の中が英語化してきたのはわかると思う。さっき表現のカタマリをたくさん手に入れたし、ついに英語で自分の「声」を手に入れる一歩手前まできた。

**次にやるのは、
ついに英語で完全に思考するってことだ。**

難しそうに思えるかもしれないが、心配はない。

まずこんな感じでやってみる。

朝、英語で起きてみよう。目が覚めたら、ブツブツこんなふうに考えてみる。

God, it's the morning again! I have to get up, brush my teeth, wash my face, and get dressed!

In order not to be late, I'll have to skip breakfast......
I'm soooooo sleepy that I'm really willing to do that.
Maybe just for another 5 minutes......

そう。どうせ朝、こんなこと考えながらゴロゴロするよね？
それを英語にするだけ。
今日は何しようかとか、簡単でもう知っている表現をできるだけ使う。

もし朝、超絶眠かったり忙しかったりして無理な場合は、通勤通学の時間を使えばいい。もちろん、1日の終わりに日記を書いてもいい。もっと軽く、本を読んだり映画を観た感想でもいい。

2、3行でいいので、感じたことを書くクセをつけるのが効果的だ。新しい表現のかたまりをここで使ってもいいし、どうしても表現がわからないときは、Google翻訳で調べてみるのもいい。それが全部、自分の声なんだから。

"やることリスト（To Do List）"をつくるのも、結構効き目がある。今週やらなきゃいけないことを英語で考えてリストにするだけなのだが、どうしても自分の人生を英語で考えちゃうことになるから。

こういうことをしばらく積み上げていけば、あなたは脳内レベルで、自分の英語の「声」を手に入れたことを実感できるはずだ。

Hmmm, what shall I do today?
I can go to Starbucks and get some work done, or just go grab some of my friends to try the new pastry shop!
Actually, a karaoke party sounds nice!

通勤通学の時間
「今日は何しよう?」とか考える

To do list this week

1.math homework
2.physics report
3.call the bank
4.buy some winter clothes
5.buy some garlic
6.return the book to the library

To do list を
英語にしてみる

This book is my favorite this year so far because
......
I really like this author because......

ツイッターで英語
でつぶやいてみる

Talk about yourself, Out loud!

6 誰でもいいから、自分を「英語」で語ろう

せっかく手に入れた英語の声だから、やっぱり意味のある形で使いたいじゃん？

成長もさせたいじゃん？

今まで紹介した「声」を手に入れる方法は、みんなひとりでも完結する方法だったし、おそらく伝統的な試験勉強、1）単語を暗記する、2）英作文をするなどには結構、効果的だと思われる。

しかーし、こちらは活きた「自分の」英語を身につけるまでが遠足なので、認識して脳内作文して、というだけではなく、発語してコミュニケーションして、フィードバックをもらい、留学なんかしなくても自分の声の質をどんどん上げていくことを推奨したいので、いくつかその方法を紹介する。

昔は、録音するとかネイティブと話すのにお金をかけるという手段しかなかったのだが、

幸いなことに、デジタルの時代である。

自分を英語で語る方法その❶

アプリ「Hello Talk」で、ネイティブスピーカーとチャットする！

前にも紹介した「Hello Talk」は、やはりよくできている。

しかも無料!

音声を送ったり、翻訳ボタンがあったり、文法チェックまでしてくれるというツワモノだ。

これで、脳内作文のときに間違えてもすぐ修正できる。

この効果は絶大で、「リアルタイムで使ってみて間違えて、それを目の前で修正！」というのは忘れにくいことに加え、刺激的なので上のフィードバックループをかなりスピードアップする。

今どきの情報強者の日本人大学生はこのアプリを使ってどんどん「自分の声」を育てているらしい。

0円で!

Learn by chatting, have fun!
Translation, grammar correction, voice to text, transliteration...

Bruna Azevedo

Is the weather better today?

Yes it's more hot now

Yes it's more hot now
Yes it's hotter now

That's awesome!
棒极了!

Wow, your accent is so good!

Good!

My English is better than ever!

文法チェックもしてくれる!

リアルタイムに対話できる!

自分を英語で語る方法その❷

iPhoneのSiriや、Alexaなどと会話し、通じるかどうか試す

これは、もっともハードルが低いやり方かもしれない。

最近、こういうBotのような商品も、なかなか流行を把握していたり、「OK Google　この服似合う？」「ばっちりですよ」のような気の利いた会話が可能なのだという。

これは一応、機械ではあるが、フィードバック（つまり血が通ってないけど）がもらえる構造なので、ちょっとした愚痴とか、やることリストとか、質問とかを英語でしても確実に恥ずかしくない相手として利用するには一番気軽かもしれない。

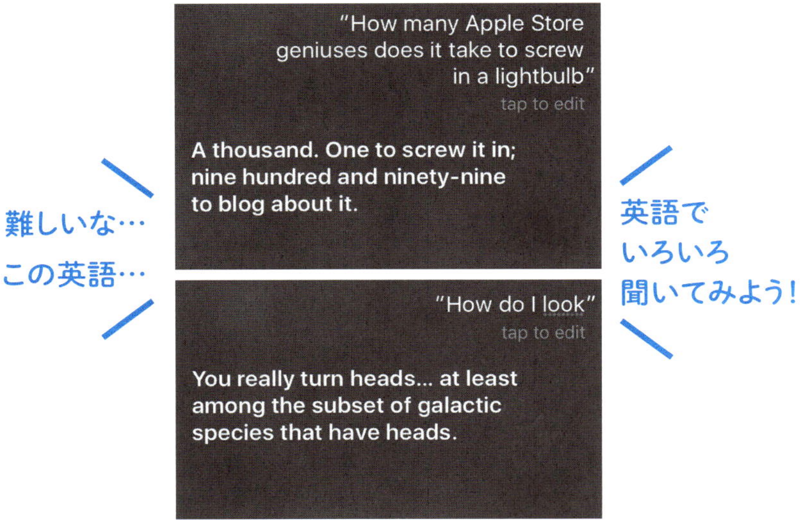

"How many Apple Store geniuses does it take to screw in a lightbulb"

tap to edit

A thousand. One to screw it in; nine hundred and ninety-nine to blog about it.

"How do I look"

tap to edit

You really turn heads... at least among the subset of galactic species that have heads.

難しいな…
この英語…

英語で
いろいろ
聞いてみよう！

自分を英語で語る方法その❸

アプリ「Orai」で、自分の「しゃべりスキル」を鍛える

昔々、アメリカに、ダーニッシュというパキスタン移民の少年がいた。

少年はシャイで、アメリカに来たときは英語がいまいちだったので、学校で当然のように出される「みんなの前でしゃべる」課題をやるたびに頭が真っ白になって何も言えないという屈辱を味わった。

この「パブリックスピーキング」の恐怖を、自力で克服したダーニッシュ少年は、

**壊滅的にシャイな人間でも、
英語がうまくなくても、
自分で自分をパブリックスピーキングの達人にできるアプリをつくったのだ。
それが「Orai」である。**

このアプリに向かって話すと、自分が話した英語の字幕スーパーを表示してくれる（つまり聞き取れる発音かを判断してくれる）うえに、しゃべっているときのエネルギーのレベルとか、イントネーションなども加味してフィードバックをもらえる。

しかも、レッスンと称して「お題」、例えば「一番面白かった本の話をしてください」なども出してくれる。

自分の英語はどれくらい通じるのか、しかもしゃべれるかだけではなくしゃべり方はどうか、まで評価してくれるスグレモノだ。

さあ、ここまでで「声」を手に入れる方法はわかったかな？

次のステップでは、その声を育てる大事なツールである「エンタメの最強活用術」いっきます！

STEP 1 寧々のおすすめサイト

Visual Dictionary Online

▶ http://www.visualdictionaryonline.com

食品（Food)、家具（House Furniture) など、これでもか！ってくらい詳細な種類の単語が網羅されている。キノコだって椅子だって何種類もあるんだよ。

Kids Picture Dictionary

▶ https://kidspicturedictionary.com

これは、Visual Dictionary Onlineよりも初心者向け。見やすいので、身のまわりにふせんを貼る作業が一気にラクになる。

Memes GIFs

"It was amazing!"（そいつはスゴかったぞ！）とか"Shut your face."（黙れ！）とか、ワンフレーズにオモシロ動画がくっついていて楽しい。

Apples to Apples（カードゲーム）

青りんごのカードには形容詞、赤りんごのカードには名詞が書かれている。プレイヤーは赤りんごのカードを7枚手札として持ち、親が引いた青りんごのカードにぴったりだと思うカードを選ぶ。親はその中からもっともセンスがいいと思う1枚を選び、選ばれた人にその青りんごのカードを渡す。親を順番に交代し、青りんごのカードをたくさん集めた人が勝ち。amazonで買えるよ。

Hello Talk（アプリ）

世界中の言語を学びたい人同士が繋がれる無料アプリ。英語ネイティブとチャットできる。出逢い目的で乱用したらアカウントは永久に削除されるし、言語学習者を探すときに同性からしか見つけられないようにすることもできる。

Orai（アプリ）

話し方やテンポをAIが分析、スピーチの上達を支援するアプリ。例えば「あなたの好きなことを話して、例えば食事、レストラン、金曜日の夜に遊びに行くところ」と表示されて録音でき、そのスピーチを評価してくれるというすぐれモノ。

WHO ARE YOUR ROLE MODELS? COPY THEM

本物から学び、ロールモデルから盗め!

1 「英語をペラペラ話す自分」を具体的にイメージする

まず、これ覚えてるかな？

ネイティブ・マインド3原則

STEP1では、なるべく楽しい方法で、自分自身の英語の「声」を発見し、育てることを開始した。

けれど、**自分の言いたいことを知っている英語や調べた英語で言い換えると、本当に間違いだらけになっちゃうだろう。**

大丈夫か？　と思う人が多いかもしれない。

大丈夫です。本物から盗む方法を教えるのがSTEP2だから。

なんてったって、「本物」の英語圏でかっこよく活躍できるようにしたいのだから、最初は「日本人英語でいいよー、間違ってたっていいよー」と言うけれど、さすがに、いつまでも間違えっぱなしでいろとは言わない。

今の海外で活躍できてない日本人サラリーマンのように、何年も英文法や単語を学校で教わっているのに、いざ声を出してみたら「自分の英語」がないため、文法も間違いだらけな上に言っていることがよくわからない、なんて目にあうようなメソッドはオススメするわけないんだから。

しかも、英語圏というのは英米だけではなくオセアニアやアジアにまたがり、とにかくものすごく広い。
そして、英米の中でさえ方言やTPOはある。文法や言い回しどころか、「本物の英語」でも、かっこいい訛(なま)りと、かっこ悪い訛りがある。人種によってしゃべり方が違うというケースもある。しゃべる英語のタイプによっていろんな差別も存在する。

ネイティブ・マインドは言語世界の学級委員ではないので、その現状についての「良い悪い」という価値判断をするつもりはない。ただ、英語圏で活躍する人間には、いろんなタイプの英語の話し方があり、それを意識して自分のスタイルを確立してほしい。

例えば、**ニューヨーカーに憧れるなら、ニューヨークっ子のようなせっかちな話し方を真似したらいい**。

ファッションで身を立てたいと夢見ているなら、服飾業界人のノリは把握したほうがいいだろう。博士号を持っている若者どうしの日常会話内容は、オタクと好奇心の塊で、小難しいニュアンスをこれでもかと盛り込んでくる。2010年代のシリコンバレーの起業家界隈の、服装にはゆるいが成果にはマッチョなアンバランス感も面白い。

広い広い英語圏で自分らしく生きていくには、「自分の英語」というだけではなく、

誰とどこで生きていくための「英語」か？

を考えて身につけたほうがいい。

古い人間の歴史を見渡しても、**話し方は「仲間」を判別するためのシグナルのひとつだ。**格式を重んじる話し方も、格式を破壊して喜ぶ話し方も、同時に存在し、それぞれに栄えているから英語は面白いのだ。

つまり、あなたは、どんな英語圏の住人になりたい？
どんな人たちと仲間になりたい？
どんな世界で活躍したい？

憧れと妄想を爆発させてみよう。

それによって、STEP2で選ぶべきコンテンツがまったく違ってくる。憧れの対象に「なりきる」ことは、80年代から判明している言語習得のかなりの近道だ。

2年でペラペラになった「天才」な親友の話

こんなエピソードを紹介しよう。

私のMIT時代の親友、アマンダ（Amanda von Goetz）の話だ。アマンダは天才ピアニストで、12歳の頃から世界に名高いジュリアード音楽院に学び、14歳で世界中を旅するプロソロリストとして活躍し始めた。

ただ、リサイタル続きで高校に通うことなく独学で、すべての学力を身につけ、24歳の引退後はさらにプログラミングや金融、法律までを独学して会社を成功裏に4つも5つも立ち上げるという、「学ぶこととつくることの天才」でもある。ネイティブ・マインドのかなり中核的要素のいくつかは、彼女のアイデアから着想を得ている。

彼女が、独学して身につけたもののひとつに、ロシア語がある。

アマンダは英語を話すアメリカ人なので、言語として系統が違うキリル系のロシア語習得は、決して簡単ではない。

アメリカの語学教育も日本ほどではないが、そこまで効率がよくはない。

何年も学んだ上にたいして力がつかない現状を見た彼女は、語学の専門家に頼ることなく、文法書や辞書以外の教材にも頼ることなく、留学もなしに、たった2年間で、ロシア人からネイティブと間違われるほどの語学力を身につけ、CIA（アメリカの中央情報局）から本気のスカウトをされるまでのレベルになった。

そのアマンダがとった方法のひとつは、STEP1で紹介したように、まずロシア語のポストイットを家中に貼りまくって、頭の中でロシア語で認識するものを多くしていくということ。

その次は、「**目指す姿のアバターをつくって、STEP2で紹介する方法でなりきっていく**」という方法だ。

アマンダは本物のアーティストなので、彼女が密かにつくり上げたロシア語版の自分のイメージアバターも、かなりドラマチックなキャラクターだった。

「プラチナに近いブロンドに灰色の瞳、頬骨の高い、鋭い目つきの女。黒い革のトレンチコートを羽織り、これまた黒革のブーツをカツカツ鳴らしながら、風を切ってスターリングラードを闊歩する。

真っ赤なルージュの唇でプカプカとタバコを1日1箱は空け、ウォッカをショットで飲みながらのどを鳴らし、誰にもこびず誰も恐れず、たぶんハンドバッグに小型の銃とか入ってる」

ジェームズ・ボンド映画の女スパイじゃん。笑。

なりきったつもりでしゃべると、確かに自信もつく。これは、私もかなり経験したことだ。

だけど、実際、アマンダの出で立ちは、上記のようなかっこよさをちゃんと持っていた。違うのは髪の色くらいで、アマンダが実際にロシア人として生まれていたら、こんな感じだったろうなと思われるため、イメージって実現できるんだなと感心したものである。

そう。話し方より先に、見た目とかキャラとかイメージとか、そういうところから入っていくのだ。

100%、違う人間になれというわけではない。

少しでも演劇の経験がある人ならわかると思うが、なりきるのは楽しいうえに、それもまた自分の一種である。自分自身が演じる役と、例えば違う役者の演じる同じ役が違うように、英語版の自分はあくまでも「自分＋α」くらいの存在だ。そして、その姿に憧れを盛り込む作業は、とても楽しい。

重要なのはコトバだけじゃない。同じ映画を4回観る意味

このイメージをつくる過程で、アマンダは古いロシア映画をさんざん観て、ロシアの歴史を散々読み込んだ。演奏する曲の国の歴史や文学を読み込んで解釈をふくらませること自体は、クラシックピアニストが「曲を自分のものにするため」によくやる手法らしい。

しかし、言語の習得が目標なので、彼女の映画鑑賞法は面白かった。同じ映画を４回観るのだという。

・１回目、まず母語字幕で観て、内容を把握する。
・２回目、ロシア語字幕で観て、シャドーイングをする。
・３回目、字幕なしで観て、さらにシャドーイングをする。
・４回目、「音をすべて消した状態」で観て、登場人物のしぐさや表情をチェックする（！）。

すると、同じ英語圏でも、総じて「アメリカ人はフレンドリー、大げさ、いつも笑顔」というステレオタイプがあるのと同じ

ように、ロシア人は、少なくともクラシックな映画の中では「歯を見せて笑わず、動きも表情も硬い」ことが判明した。
「本物のロシア人もそうなのか？」と疑問に思ったアマンダは実験をしてみた。ニューヨークシティ内で、ロシア人移民が多く住む地区に行き、お店のおばさんなどに違うノリで話しかけてみた。

キャラ設定で、どうにでもなる

そうしたら、すごかった。
「笑顔でフレンドリー、自信満々で同世代文化に精通している、いかにも明るいアメリカ人」ってノリで話しかけたときと、頭の中でむっつりしたロシア映画の人物をイメージしながら硬い表情で話しかけたときと、**同じロシア語レベルでも、お店の人の反応が全然違ったのである**。

前者は「うざい観光客に向けるときの無愛想な対応」、後者は「同胞か？」とばかりに、もっといろんな会話を仕掛けられたのである。
日本語を学んでいるという外国人が、「ワタシの名前はXXです」と教科書どおりの会話を投げられたときと違い、拙(つたな)い言語レベルでも、**例えば若者ならば「マジありえないよね！」** みたいな

しゃべり方をされたときの、こちらの安心感みたいなものと言えば、わかりやすいだろうか。

学びたい言語の文化的ペルソナ（国民性みたいなもの）も手に入れて一人前なのである。
ちなみに私も、あらゆるネイティブスピーカーから、

「お前は少なくとも小学生くらいからアメリカ育ちだろ。
え？　**違うのか !?**」

と言われるようなしゃべり方をするが、それは私の発音や文法が完璧だからなのではない。

文法は、会話だと三単現すらたまに間違うし（中１の頃にBe動詞の解説を真面目に聞いていなかったせいだ）、発音だってごまかしているが、よーく聴けばアクセントがある。
だが、それを補うのは、しぐさとキャラ作りと表情だ。
「アメリカでボストンやニューヨークやサンフランシスコによくいる、MBAとか持っててリベラルで、かつちょっとオタクなミレニアル世代の起業家で、21世紀型教育とか語っている人たち」のしゃべり方としぐさと歩き方をしているから、ネイティブもたまに間違える文法や、たまに訛（なま）っていたりする発音などは、簡単に見過ごされる。

しかも、私の文化的ペルソナは、必ずしもひとりのロールモデルに学んだわけではなく、アメリカ暮らしの長い友達や大人のしゃべり方をマネたり、連続ドラマのキャラを参考にしたりとツギハギだらけだ。それくらいでいいのだ。

2 家でもできる、声優デビューのススメ！
アテレコ続けてたら、いつの間にかすごいことに

ネイティブ・マインドは「つくる」ことを大切にしているので、「妄想・英語版の自分」も、ロールモデル探しも、彼ら彼女らからマネるという過程もすべて織り込み、なおかつ家に引きこもってひとりでもできる、という学習法を考えた結果、なんと「声優デビューして動画をつくる」に行き着いた。

そうしたら、2013年時点から爆発的な成果を挙げることができてしまった。

なりきったり、言い回しを盗んだり、というだけのことではなく、リスニングやスピーキングも、作品として成立する過程で繰り返し訓練されてしまうので、開始時おそらく英検準２級レベルだった中３女子が、

「ずっとこのアテレコをやっていたら、TEDトークが完全字幕なしでわかるようになってきました」

と報告してきたのが、たったの３か月後の話である。

特に、英語圏の世界が好き（好きなアーティストやセレブやTEDスピーカーやドラマがある）で、英語そのものも好きなタイプかつ凝り性な人は、このやり方にハマったらかなり短時間で「英語の勉強、終わり！」にこぎつけられてしまう。

誰にでもできる「声優デビュー」6つのステップ

肝心のやり方も、以下のたった6つのステップを踏めばいいのだ。

楽しみつつ、いろんな映画・TEDなどを鑑賞しながら、ロールモデルを探す。

「こいつをマネしよう！」と思った人物を決める。

マネしようと思った箇所の（最初は1分か2分くらいのシーンで精一杯だと思う）セリフのスクリプトを入手するか、がんばって英語字幕から書き写す（大変だが、これはこれで力がめっちゃつきます！）。

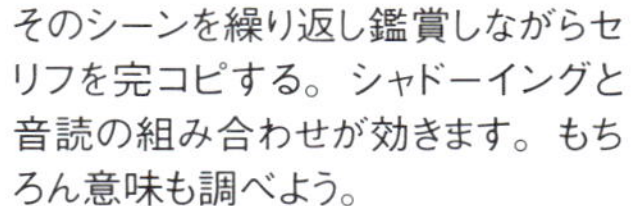

そのシーンを繰り返し鑑賞しながらセリフを完コピする。シャドーイングと音読の組み合わせが効きます。もちろん意味も調べよう。

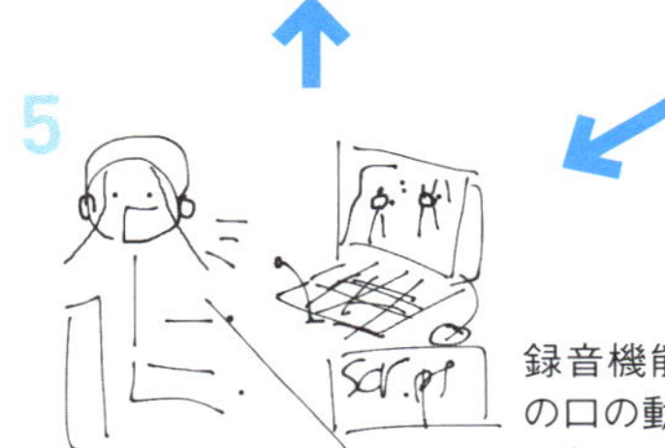

録音機能を使い、そのシーンの登場人物の口の動きに合わせて、声優さながら音声を吹き込む。うまくハマるまであきらめない。

ロールモデルの口から自分の音声が出ている感動的な動画を鑑賞する。

カンのいい人なら気づいているかもしれないが、これは私が中二病まっただなかのとき、英語を身につけたい一心でやっていた狂気の勉強法に、かなりMITっぽい発想の「作品をつくる」「本物から学ぶ」「ロールモデルを探す」要素をプラスしたものである。

ラクな勉強法、例えば「聞き流し」や「鑑賞するだけ」が時間の無駄なわりにあまり効果的でないことは経験上も研究上も明らかだ。

だが、同じ「集中してリスニングする」「音読する」「暗唱する」などの作業でも、「楽しく意味あるものにすること」や「達成感を高く設定すること」や「ゲームっぽくする（ゲーミフィケーションということ）」で、モチベーションを維持しやすくすることはできる。

そうしたら、だまされたつもりで取り組んだ教え子たちの英語力は爆上がりし、「英語勉強」からの「あがり」を経験することができ、いまやTEDや映画の無字幕鑑賞どころか、大学の授業や大事な講演も原語そのままで楽しみ、その場で盗用した表現をすぐ話し言葉や書き言葉に応用することができるようになった。

とりあえず、やってみよう！　オススメ初回動画編

もともとお気に入りのTED動画がある、アニメ動画がある、という読者もいるだろうし、そもそも英語のコンテンツを英語のまんまで鑑賞することもあまりなかった、という読者もいるかもしれない。

前者はとりあえず楽しく好きな領域の動画を鑑賞しはじめればいいが、後者はいきなりコンテンツの大海に放り出されて困っちゃうよね。それに、小さなお子様向けにこの本を実践しようとしているお母さんもいると思うので、いきなりTEDって言われてもなあ、というところだと思う。

日本の武道には、「守破離（しゅはり）」という考え方がある。

まず「型」をつくり（守）、その「型」を破り（破）、最後に「型」から自由になる（離）ということだ。私が2013年に、「守破離」の「守」としていきなり生徒たちにやらせたのは、

YouTubeにあった
吹替版の『セーラームーン』の動画だった。

日本人全体になじみがあるし、何より結構アメリカの現地化をがんばっていて、月野うさぎ（『美少女戦士セーラームーン』の主人公）がちょっとアメリカにいそうな女の子のキャラになっており、文化を比較するという意味でも楽しかったのだ。

一番最初に声優に挑戦するコンテンツは、アマゾンプライムやネットフリックスなどから拾った、身近でちょっとくだらなくてハードルが低くて楽しい、くらいがちょうどいい。等身大の英語圏人の口語から、等身大の思考回路が流れ込んでくる感じを楽しもう。

STEP 2 寧々のレベル別おすすめ〈動画〉

【親子・低年齢層・英語初心者向け】

セサミ・ストリート

▶ https://www.youtube.com/channel/UCoookXUzPciGrEZEXmh4Jjg

言わずもがなの定番。子ども向けに見えて社会問題や多様性も幅広く扱っており、教育的に秀逸である。アメリカ人の子どもが文字やコトバを覚えるのにも、この番組は役立つと言われており、アメリカ人と共通の話題を得るために親子や留学前のティーンが見ておくのも手だ。

Youtubeチャネル50選

▶ https://www.earlychildhoodeducationzone.com/most-educational-youtube-channels-for-kids/

かなりたくさんの子ども向けコンテンツが英語であるので、好みに合わせていろいろ調べてみるのもいいだろう。これらは、コンテンツがかなりしっかりしているにもかかわらず、Youtube の広告収入でビジネスが成立していることも多いので、無料のものが多い。

（動画ではないが英語の基礎を無料で学べる子ども向けサイト）

StarFall

▶ https://www.starfall.com/h/index-kindergarten.php

「フォニックス」をオンラインでインタラクティブに学ぶための無料アプリ。有料コンテンツもあるが、無料部分だけでも楽しめる。ABC からはじめる簡単そうなコンテンツなのだが、Apple の次は Alligator（ワニ）など日本の英語教科書にのってない（＝多くの人がわからない）単語がいきなり出てくるため、子ども向けとあなどれない。アメリカの年中さんから小学校３年生までの内容、算数や幾何学のコンテンツ、季節やお祭りなど、一般常識のコンテンツも網羅されているので、「アメリカの小学校ではこんなことやってんのかー」と確認するのにもいいだろう。ちなみに、もともとはアメリカの子どもが勉強で遅れないために自宅学習をする教材として開発されており、勉強が嫌いな子にも興味を持ってもらえるように、かなり工夫がされている。

【アニメファン向け】

Funnimation(Youtubeチャネル)

https://www.youtube.com/user/FUNimation

日本のアニメが視聴できる配給会社の宣伝用 Youtube チャネル。全編吹き替えがされており、1 分以内の宣伝動画もたくさんあるので、人気アニメのセリフがどういうふうに翻訳・吹き替えされているかチェックするのも楽しいだろう。

アニメレビューチャンネル

Youtube で、「アニメの名前＋ Review」で検索すると、好きなアニメの英語圏人によるファンの解説が表示されて、それがいちいち外側から見た日本の魅力を確認するのに大変面白い。オタク気質のある人は、ぜひ挑戦してみてほしい。

【海外のティーン文化、若者文化ってどんな感じなのかい?】

ディズニーチャンネル

https://disneynow.go.com/all-shows/disney-channel

実写の現代等身大の子どもが出てくるので、子ども同士のやり取りを学ぶにはちょうどいいかもしれない。Netflix.com の KIDS セクションに大量にコンテンツがある。少し年齢が上がっていくと、アメリカ特有の文化なのだろうが、子ども用の読み物はどんどん皮肉や風刺が混じっていき、その分楽しくなっていく。

Kids React

https://www.youtube.com/watch?v=q3lwUAdHkj0&list=PLFCAA1C9F5755B266

15歳以下のご意見番である KIDS が、世の中のあらゆるモノ、「KPOP アイドル」から「カセットテープ」、最新の洋ドラまでにリアクションを示すという、ご意見番的な番組。「ふつうのアメリカ人の子どもってこんな感じなのね！」ということがよくわかるし、そのリアクションから見え隠れする文化の常識が、かなり面白い。

大量にいるティーンのYoutuberたち

http://mediakix.com/2018/07/top-teenage-youtubers-trendsetters/#gs.3urpcd

フォロワー数が多い10代の Youtuber たちのリストだ。みんな一生懸命コンテンツをつくっていて、プロダクションクオリティも高い。自分の趣味にあわせて、いろいろ参考にしてみてはどうだろうか？

【アメリカのビジネスシーンなしゃべり方を知りたいなら……】

Better Off TED

▶ https://www.youtube.com/watch?v=Fvkr8AFqEBM

多国籍企業の研究開発部門責任者を務めるビジネスマン、TEDの面倒くさい毎日を軽快なコメディタッチで描いているシットコム。アメリカの大企業文化のさまざまな矛盾を過剰に揶揄した内容だが、プロフェッショナルかつ、Corporate（大企業）っぽいしゃべり方の参考にはなるし、肩に力を入れずに見られるから楽しい。Netflixにあったりなかったりする。

SUITS（ドラマ）

日本でも大人気すぎて織田裕二主演でリメイクされちゃった、ニューヨーク弁護士ドラマ。いろんなことが単純化されすぎていて、残念ながら法律の勉強にはあまりならないが、いわゆる伝統的エリートのステレオタイプな姿が見られるうえ、セリフもかなり速く、ユーモアの感覚も求められるので、MBA留学したかったら、まずはこれをアテレコしよう。

アメリカで流行しているテレビドラマは毎年違うし、文化や常識も2、3年で全然違うことになったりするので、随時Googleさんに尋ねるのが正解だが、さいわい日本にも月額1000円以下で英語字幕で見られるNetflixが進出したので、ガンガン見ましょう。英語字幕がつくのはやっぱりありがたいよね！

TELL YOUR STORY!

「英語版の自分」をストーリーにしよう！

1 外国人と「共通の話題」が見つからない人へ

まずは、いきなり日本のエリートの悲痛な「あるある」独白からお伝えしよう。

僕は今まで日本で生きてきて、自分の人生はうまくいっているほうだと思っていました。

日本では誰でも知っている一流大学、一流企業に入れるように努力して、それなりに評価もされてきました。

けれど、35歳を超えて会社に派遣されて行ったMITの大学院で、それは大間違いだと知りました。

日本では、初対面で大学名を言ったり、会社の名刺を出したりすれば、それだけで「お！」「すごいですね！」という反応が来て、それで人間関係をつくっていました。でも、アメリカに来て——アメリカ人というわけではなく、世界中のエリートが集まる場で——そういうふうに自己紹介したら、

「ん？　それ何？」
「え？　具体的にあなたはどう面白いの？」

って感じなんです。

しかも悪意があるわけではなく、うちの会社の知名度が低いからというわけでもなく、本当に、属性に関心がないんです。

今思えば、

「大学名や肩書きではないところで、お前は誰なのか？」

「この大学や肩書きがすごいんだったら、それを使ってどんな意味があることをしようとしているのか？」

を問われていたのでした。

そのときは、自分の生きてきた前提が覆(くつがえ)されたような気がして、本当に落ち込みました。

英語力も当然低かったんですが、本当の課題は、日本社会のあらゆる縛りを剥(は)ぎとったあとの**「自分がなかった」**ことだと思っています。

それまでは、「英語力を上げよう」とさまざまな塾へ行ったり、TOEIC を受けてみたりするのがグローバル人材になるための努力だと思っていたのですが、まったくの勘違いでした。**僕は、何よりも大切な、英語圏で自分を語る言葉を持っていなかったんです。**

（とある社費派遣 MBA 卒業生の独白）

このような経験は、留学経験者や帰国子女ならば、多かれ少なかれ誰にでもあることだと思う。海外でなくても、「地方から都会へ進学・就職したことがある人（または逆）」などにも「今まで生きてきた世界の価値観が通じない」経験は、程度にもよるけどあるかもしれない。

いったい「何を話したらいいのか」わからない……!!

また、もっと身近な例を挙げれば、**「学校に素敵な外国人の先生がいて、英語がしゃべれるようになりたいから話しかけたいけど、何を話したらいいのかわからない」**現象も、これに近い。

特に、生まれてこのかた、ひとつの環境でしか生きたことがない人間にとっては、ちょっと難しいことだ。単純な英語力試験では測れない、「今まで自分が生きてきた物語が暗黙の了解になっていない英語圏で人間関係をつくること」が要求される。

ちなみに、自動翻訳機がどんなに精巧になっても、暗黙知までは翻訳できないので、さっきのページの苦悩するおじさんエリートみたいなのが増えるだけであまり意味がないと思うのはそういう理由からだ。でも、

世界に通用する「もうひとりの自分」は、
STEP 1＋2を踏めば、
英語で簡単につくれるから心配無用。

STEP2で、TEDトークをさんざん観たなら、もうわかるだろう。

それこそ、文化も人種も宗教も国籍も共有しない人間たちが、「自分は誰で、どんな問題を解決してきたか。そしてその問題はどうして大事なのかというストーリー」をたった15分かそこらで語り、それが世界中に受け入れられるのである。

なかでも共感を特に集めるのがうまいな、という自分語りストーリーの冒頭は、「小さい頃、こんなおばあちゃんがいて、こんな話をしてくれた」「小さい頃、自分はとてもせっかちな子どもだった」という、高確率で誰でも共感できる話を、「自分の生まれた村では、こんなことがあたりまえだった」という、高確率で相手があまり経験したことがないだろう話に混ぜて、聞き手を自分の立場に引きずり込んでストーリーを追体験させるようにで

きている。

それをうまくやるには、もちろん、「相手にとって何があたりまえで、何がそうじゃないのか」を理解していないと難しい。

だから、STEP2であそこまで「教材ではなく本物」にこだわったのは、「文化を知らないと言語は習得できないから」なのだ。

しかも、やっかいなことに、英語圏文化はひとつではなく、多種多様だ。アメリカだって、ニューヨーカーの暗黙知とカリフォルニア人の暗黙知はすごく違う。日本で田舎と都会の常識が少しずつ違うのと同じように。

TEDトークの世界の暗黙知は、基本的にグローバル思考、多様性思考、リベラル、というアジアからグローバル人材を目指す人間にとって居心地のいい文化なので、とりあえずそこを参考にするといいよ、という意味で教材に適している。さて、

「相手にとって面白い想定の」グローバル版自分語りは、どうやってつくろうか?

答えは簡単。

まずは自分に聞いてみよう。肩書や経歴などを全部剥ぎ取っても「自分は自分だ」と世界に主張するための物語は、結局は「感情」から始まる。

自分TED Project STEP 1

2 喜怒哀楽フレームワークで、「自分の物語」を探そう

以下の喜怒哀楽の質問に、「自分も自分の国も文化も知らない人（例えば学校に来たばかりの外国人の先生や、『HelloTalk』で知り合った相手）」に説明できるように、**できれば英語で、難しければルー語で、語ってみよう**。

喜

What is your happiest memory? Why?
今までの人生で、一番幸せだと感じた思い出は？

What would make you happy? Why?
まだ起こっていないことで、「こうなったら幸せ」と思うことは？

If you can make someone else happy, how and why?
もし誰かを幸せにしたいなら誰？ どうやって？ どうして？

怒

What is your angriest memory? Why?
今までの人生で、一番怒りを感じた思い出は？

What would you like to remove from the world?
この世からなくなればいいのに、と思うことって何？

Who triggers your anger the most? Why?
あなたを一番怒らせる人は誰？　どうして？

哀

What is your saddest memory? Why?

今までの人生で、一番悲しいと感じた思い出は？ どうして？

What would make you sad? Why?

まだ起こっていないことで、「こうなったら悲しい」と思うことは？ どうして？

楽

When do you feel safe and relaxed?

あなたが最も安全でリラックスしてると感じるのはいつ？

What activity is so fun for you that you can do forever?

楽しくて、ずっとやっても飽きないことってなに？

自分TED Project STEP 2

3 ストーリーフォーマットにしてみよう

さあ、どんな「あなたの物語」が出てきただろうか？

自分と親しい人間には重たい自己開示になるかもしれないけど、あまりよく知らない、文化も違う人間に対しては、わりと素直に話せてしまうこともあるかもしれない。

母語で書くと気が重くなることでも、英語で書くとスラスラと今まで言語化できなかった自分の気持ちなどが流れ出してくるかもしれない。

喜怒哀楽で、同じテーマが何度も何度も出てくるようなら、おそらくそれはあなたにとって本当に大事なことなのだ。

感情は正直だ。
だから、一番自分らしいと思う物語を、
まずは選んでほしい。

もちろん、こうして出てきた生の感情は「素材」なので、全部誰にでも開示しろというわけではない。あくまでも「聞き手の共感を促す」ためのストーリーなんだから。

さて、超簡単なストーリーフォーマットがあるから、赤ずきんちゃんにはめてみよう。

起承転結とも通じるところがあるけど、ちょっと丁寧だ。

ONCE UPON A TIME	昔々あるところに、赤ずきんちゃんという女の子が住んでいました。
EVERY DAY…	女の子は、毎日おばあちゃんがつくってくれた赤ずきんをかぶっていたので、赤ずきんちゃんと呼ばれていました。
ONE DAY…	ある日、赤ずきんちゃんは、おばあちゃんのお見舞いに森へでかけました。
AND THEN…	そうしたら、オオカミに出くわしました。
IN THE END…	しまいに、赤ずきんちゃんもおばあちゃんも、オオカミに食べられてしまいました。

ひどい話だが、これを、さっきのおじさんエリートの自分語りにすると、例えばこうなる。

ONCE UPON A TIME	留学する前まで、僕はただの幸せなサラリーマンでした。
EVERY DAY…	毎日のように、一流大学を出て、一流企業に就職できたからという理由でまわりの人に「すごいね」と言われるのが気持ちよかったんです。
ONE DAY…	ある日、留学先で知り合った人たちにもそうやって自己紹介しました。
AND THEN…	そうしたら、生まれて初めてまったく「すごい」と言ってもらえませんでした。
IN THE END…	しまいに、僕は今までの自分が井の中の蛙であったことを知りました。

自分TED Project STEP 3

4 共感の先の「行動」を促そう

もちろん、物語だけでも、自分の感情がすごく動いた話を聴くと、人は相手のことを何か知った気持ちになり、自分のことも開示したり、共感したことを話してくれたりする。

だが、いいTEDはもちろんストーリーだけではなく、「Idea worth spreading（世界へ広める価値のあるアイデア）」も必要なので、最後の最後に、「オチ」ともいえる何かをつけよう。

ストーリーには、教訓がある。

例えば、赤ずきんちゃんならば、教訓としては「森に子どもがひとりで行くのは危ない」なのかもしれないし、「世の中の大人はだましてくるから信用してはいけない」もありうる。

おじさんエリートの話は、もともとこれからグローバル人材になるだろう、自分より若い人間へ語る話なので、実は立派な「オチ」がある。

「だから、英語は点数よりも自分の話ができるようにならないとダメだぞ」とか「それをきっかけに、世界のどこでも通用するほど面白い人間になると決めて今にいたるんだ」とか、そういうやつである。

自分より先輩のおじさんに武勇伝とか「英語もっとちゃんとや

れよ」とか「一流大学とか企業とかってあんまり世間では意味がないんだぞ」とだけ説教のように言われても心底納得する若者はあまりいないが、こうして、

「自分がちょっとカッコ悪かったストーリー仕立ての話＋ほとんどの人が経験していないアメリカの大学のリアルな話」

を混ぜることによって、実は私も10年前に聞いたのに鮮明に覚えている話となるのである。

だから、ストーリーには力がある。

そこに載せるメッセージや伝えたいことを、かなり説得力あるように見せてくれる。

STEP1＋2の応用編として、語ることに困ったら、ぜひ114、115ページのフォーマットで英語圏版自分語りに挑戦しよう。

寧々おすすめ　まとめて鍛える「神アプリ」

English Central

https://www.englishcentral.com/

YouTubeをはじめとしたあらゆるビデオから、英語文脈に合わせて暗唱とアテレコを全部自動化してやってくれる、ネイティブマインドSTEP 2のためにつくられたような「神アプリ」。一応有料なのだが、これもこの本のスピリットに近く「たくさん学習をこなせば、英会話講師との会話権が無料になる(※)」というスポ根ぶり。好きなYoutube動画を選択してガンガン足腰を鍛えるにはもってこいなので、激オススメです！

※EnglishCentralプレミアムプラン(年額23,000円/月額2980円)。英会話は月に30回までの上限があります。

HERE'S WHAT I HAVE TO SAY

意見を！ 思いを！ 文句を！ ロジカルに吠えろ！

1 ロジカルシンキングは、「難しいもの」ではない

難しいことを言うと、伝わらなくても頭がよさそうに見えるよね……

STEP1では自分の「声」を見つけ、そしてSTEP2では憧れのロールモデルを完コピし、いずれもアウトプットすることで、英語を話すこと自体への恐怖心みたいなものは随分薄らいできたと思う。ここではさらに、自分の「意見」をロジカルに話す訓練をしよう。

ロジカルシンキングまたは論理的思考……。勝手に難しくしていないか?

けれど、特に日本では「論理的思考」「ロジカル」という字面からして「**難しくて一部の頭のいい人のもの**」というレッテルが貼られていることを痛感している。

そして、これはバイリンガルなら思い当たることかもしれないが、日本人特有の「ロジック」には、やたらと **「深さ」** とや

らが評価される。

現代文の入試問題で難解なわかりにくい文章を読み解くことが課されたりするのもそうだし、ハーバードなど米大学のディスカッション講座をのぞいた日本の知識人が、「米最高学府のディスカッション内容も、ひとりひとりの発言内容は日本の賢い子の文章にくらべたら浅いから勝てるよ」と煽ったりするのもそうだ(実際こういうことを言っている人はめちゃくちゃ多い)。

実はその「深さへの固執」こそが、曲者なのだ。

なぜ「やたらハードルが高い」のか?

最近出回っている日本の最高学府や官庁の政策系文書を読んでみても、話があちこちグルグル飛んだ挙げ句に、意味のわからない結論に至るものがとても多い。

そういうのを捕まえて、「難しいから頭がいい文章に違いない」と思考停止する訓練をしちゃっているのが日本の国語教育でもあるため(それに一部の心ある先生が嘆いているのも知っている)、論理的思考とやらは、やたらとハードルが高いことになっている。

かくいう私も、アメリカに降り立った直後は、無駄に深さとやらに固執するタイプだった。

デューク大学へ入学したばかりのときは、クラスの討論ではまったく意見が言えなかった。TOEFLで満点近く取った英語力など、まったく役に立たないのだ。

活発な発言が奨励される授業において、カジュアルなブレインストーミングの場においてとにかく、

「何かうまいこと言おうと考えているうちに話題が流れるか、誰かに似たようなことをより簡単に言われて何も言えなくなり、**やっと発言できたときには内容詰めすぎで意味わかんない、という顔をされる**」

そして、これは文化的な問題でもある。

文化的といっても、「アジア人はシャイだ」とか、そういう問題ではない。
そもそも生徒が授業中に発言しないことが前提の教育システムで育った人間の頭の中は、「授業のオーナーは先生であり、基本的に100%しゃべるのは先生であるべきで、その中で発言するからにはよっぽど聴く価値のある深いことを言わねば」というハードルがある。

しかし、アメリカ人のディスカッション授業の一般論的には、

「授業の学びの主役は自分をはじめ生徒であり、先生は授業を面白くしたり生徒の発言を通してレベルを合わせてくれたりする義務がある。
だから生徒としては発言を求められたらその場のオーナーの一員として自分の立ち位置をみんなに教えて学びを前に進めることで貢献したほうがいい（とはいえ賢く見られたいので発言内容はカッコをつけるけどね！）」
←あくまで一般論。例外はたくさん存在するが、生徒が授業のオ

ーナーシップを主張しすぎてアホな発言ばかりするのを止めて高品質な内容を確保するために厳しいルールをわざわざ設ける名物先生も存在するあたりが、この一般論の裏返しのようなものである。

「ちゃんとした意見」を言おうとするあまり……沈黙

そんな前提を知らなかったので、デューク大学1年のとき、クラスでの討論が盛り上がる中、私の脳内はこんな感じだった。

「あー、ここで今何か言いたいところだけど、ここでこんなこと言うのはふさわしくないかな。**そんなこと言って、みんなからバカだと思われたくないし……。**あぁ、誰かが私が考えてたことと同じこと言っちゃった。それならこの議論では、もうちょっと違う角度から意見が言いたいところだけど、あーぁ、もう違う話題にいっちゃったじゃないの！」

結局のところ議論は一部始終理解できていたにもかかわらず、**自分で自分の声を殺していたため、教授やクラスメイトからすれば、おとなしくしているように見えてしまう**。

同じような経験を留学先でする日本人は、ものすごく多い。マインドセットの問題なので、英語力や学力は関係ない。

そんな私を救い、今やあらゆる言語でマシンガントークするタイプの人間に改造したのは、デューク大学同期の親友で、最近ハーバードビジネススクールを卒業したユエ（Yue）である。

中国系アメリカ人で、高校時代はディベートチームに在籍していたユエは、まず、「深さ」を気どる私の発言を一刀両断することから始めた（ひどい）。

ユエいわく、「ロジカルに思考したり発言したりすること」はそもそも、

- 内容が正しいかどうかとは関係ない（だからディベートという競技は双方向から成立する）。
- 深さの前に明快さとスピードが大事（アメリカ人は幼児の頃から論理的に駄々をこねるのに慣れている、のもいる）。

論理的に意見を発表すること自体は、正しさとは関係ない（ディベートは双方向からが前提）。

ロジカルな言説のやり取りは、ラリーのようなものなので、明快さとスピードが大事。

ネイティブ・マインドでは、「論理的思考（および発言）」というものに対するハードルを極限まで下げ、ちょっとゲーム性のある訓練をすれば年齢や学力に関係なく、誰にでも身につけられるものにしてみた。

野球少年が素振り練習を何千回としてから打席に立つように、論理的に意見を持って即発信！　が脳内でショートカットとなるまでには、地道な反復練習が必要だ。現代文の入試問題のように何時間思考して書いたかわからない、入り組んだ構造の論説ではなく、**ゼロコンマ1秒で反応**せねばならない、空中論理戦の会話力を鍛えるには、実践しかない。

私のそんな瞬発力も、論理的発言の私の師匠のような存在であるユエに、かなりリアルタイムで鍛えられることで身についた。

1 そもそも、自分の意見を すばやく持つことから始めよう

私が接してきたタイプのアメリカ人は、めちゃくちゃいろんなことに対して自分の主張や意見を持っている。

そして、情報の正確性はさておき、論理的に自分の主張を述べることが大好きである。どうでもいいことに関しても、自分がそのトピックについて意見を持っていないことを論理的に説明してくるくらいだ。

なぜ、こんなゼロコンマ1秒くらいで、聴いたばかりの自分にとってどうでもいい言説について意見をスピーディに、しかも論

理的に出すことができるのだろうか？

かなり大きな要素は、単純なピラミッド型論理フレームワークで思考をアウトプットすることに対する「**慣れ**」、そしてテニスのラリーのように、来た球を打ち返す前提で明快に発言することに対する「**慣れ**」である。

早速やってみよう。まず、この下の図を見てほしい。論理ピラミッドと呼ばれる、単純なフレームワークだ。

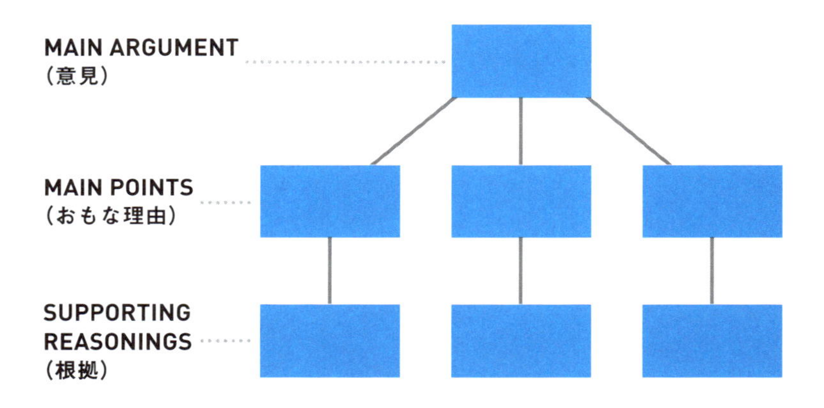

本書の英語編で紹介する「論理フレームワーク」はこれだけで終了。

終わりです。

こんだけで十分です。

複雑な論理展開はネイティブ・マインド流の考え方では唾棄（だき）すべき存在なので。

だって、**簡単が一番だから。**

ちなみにベストセラーになってる『1分で話せ』はこのフレームワークの使い方を説明して終わりってだけの本だと思う。

まだ英語でロジカルに話すのが苦手だった私が政治経済、世界の社会問題について持論を展開していると、まずユエに最初に直されたのは、このフレームワークにうまくハマるようにすることだった。

けれど、これを読んでいる人にはそんな面倒な道筋をたどってほしくない。

じゃあ、思考のスピードを手に入れるための「素振り」に当たる訓練は、じゃあどうしたらいいだろう？

ネイティブ・マインドで「ロジカルシンキング？　なにそれ食べられるの？」状態だった中高生を即座に入門させられるゲーム、それが3 Point Game（3点ゲーム）である。

つべこべ言わずにやってみようか。

はい、まずは例題！

3 POINT GAME（3点ゲーム）例題

> 日本のファストフード界永遠のディベート…
>
> **マックとモス、どっちがいい？**
>
> あなたの意見とその理由3つを、1分以内に挙げてください。

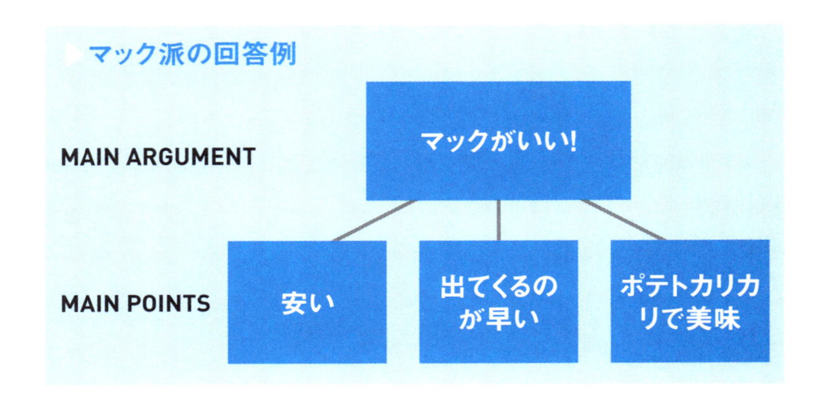

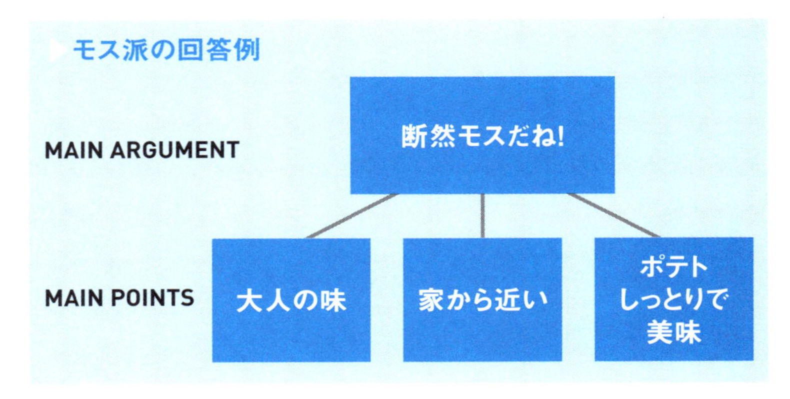

はい、簡単だよね。しかも、100%個人の好みなので、正解もへったくれもない。

重要なのは中身ではなく、どっち派だからとかでもなく、

1分で違う理由が何個浮かんだか？ である。

マックもモスも行ったことがある人間なら、質問をされたら本能的に「こっちのほうが好き」という答えは脳内信号としてはコンマ1秒で即座に出る（あるいはどっちも好きではない、などで

も OK)。

だが、その理由を他人に説明できるよう即座に言語化する、というプロセスは、訓練されないとできない。

特に、こういう100人いたら100通り答えがあるような問いは東アジア圏の教育では積極的に投げかけられないのだ。

なので、こういう挑戦が初めてなのに、1分で3つも Main Point が言語化できた子は、**内容がなんであろうと褒めることにしている**。

そして、次は30秒、10秒と縮めていき、そのうち英語でやってみて、という手順をワークショップでは踏むのだ。

驚くべきことに、何回もやると時間がどんどん短くなり、日本語から英語になっても、思いつく Main Point の数が最初は1個や2個だった学生たちも、あたりまえのように10秒以内ですぐ2個3個とスピードが上がる。

自分の意見をすぐ思いつくための脳内回路を敷くには、ほんの少しの練習で事足りるのだ。

なので、マックでもモスでも、理由が「安いから」とか、たった1つしか浮かばなくても心配することはない。

次のページに練習問題をいくつか挙げるから、1分→30秒→10秒、日本語→英語、とゲーム的にどんどんハードルを上げていこう。

理由を3つすばやく言えたら**勝ちだ**。

3 POINT GAME ❶

学校から…
❶試験がなくなる
❷宿題がなくなる
どっちがいい?
Do you rather…
1.Not have tests,or 2.
not have homework?

3 POINT GAME ❷

超能力を手に入れられるとしたら…
❶飛行人間
❷透明人間
どっち?
Do you rather…
1.Want to fly, or 2.
Become invisible?

3 POINT GAME ❸

クジで旅行が当たった!
❶1か月の国内旅行
❷1週間の世界一周
どっちがいい?
Do you rather…
1.Travel in your country for a month or 2. Travel around the world for a week?

3 POINT GAME ❹

学校の制服って
❶必要
❷不必要?
どっち?
Do you want your school to
1. Have a uniform or 2. No uniform?

難しいことは考えなくていいので、

1 すばやくPointの数を出すこと
2 時間をどんどん短くすること
3 英語でやってみること

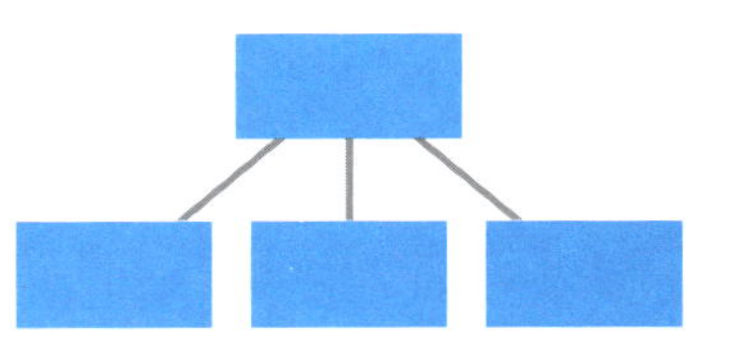

とにかくこれ!!!

2 テキトーでもいいから、「根拠ってやつ」を入れよう

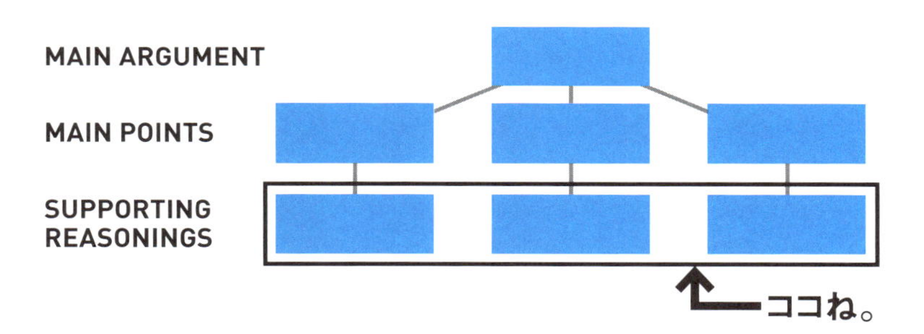

ココも簡単です。Main Points で挙げた論点の具体例をパパッと挙げちゃえば、ふつうは終わりです。ふつうは。

マック派モス派の話の、マック派の Supporting Reasonings は、例えばこんな感じよ。

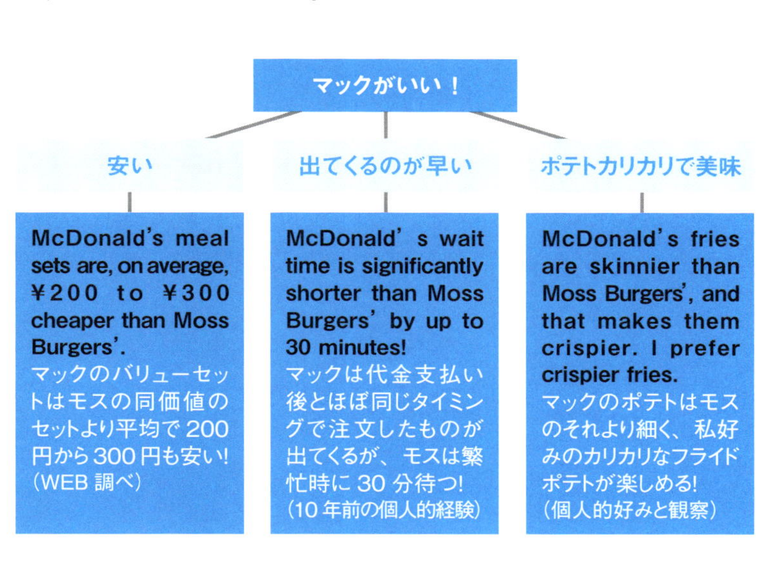

ここは、自分の好みの話をしているのだから、当然自分の体験や事実に基づいた、**具体的な根拠**を挙げるべきだ。

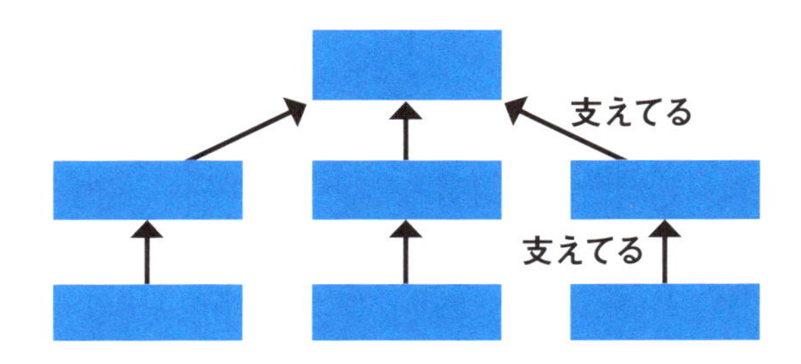

ピラミッド型論理構造は、上図そのもの。

下の具体的根拠が、上の Point や Main Argument を支えている。支えているので、当然、自分の主張の根拠が曖昧であったり、具体的でなかったり、説得力がなかったりするとどうなるか。

倒壊するってことだ。

ディベートという競技は、まさにお互いのこの家構造を倒壊させるために、ロジカルなツッコミあいをするものなのだが、じゃあ、どういう場合に倒壊するのか？

次はいよいよ、反論のしかたに入るよ。

3 「反論の6か条」を大いに活用しよう

「モヤモヤ」というコトバが流行りだして何年になるだろうか。

メディアから流れてくる言説、誰かに言われたこと、自分で納得いかないが、世間では「あたりまえ」とされているもの。

けれど、何が具体的に気に入らないのか、言葉で表すことはできない。そうして、ストレスが溜まっていく。

そんな人こそ、
ネイティブ・マインド英語をやりましょう！ 笑。

教科書英語ではなく、英語圏で流れるガチの言説を聞いていると、意味を理解した途端に「モヤモヤ」が晴れていく、という経験をしすぎて留学もしてないのに世界が変わったというネイティブ・マインド受講生はたくさんいる。

彼ら彼女らが日常的に「モヤモヤ」を晴らすのに使えすぎるツールが、この **「反論の6か条」** である。

「反論の6か条」とはなんぞや?

では、てっとりばやく「日本人と英語にまつわるトンデモ論者」のよくある主張を、日本語・英語の両方でサンプルついでにさばいてみようと思います。

1 You have no support for your argument!（論点・根拠なし！）

日本人は日本人なんだし、英語を学ぶ必要はない。
Japanese people don't have to know English because they are Japanese.

相手はこう主張

Main Argument を言い捨てて何ひとつ論理的なサポートを述べようともしないタイプの言説は、大きくわけて2つのパターンがある。

そもそも「お前のかあちゃんでーべそ！」と同じで、論理的主張の体をなしていない場合と、論理的主張の体をなしている中の論点が根拠なき「社会通念」「常識」「主観」である場合である。

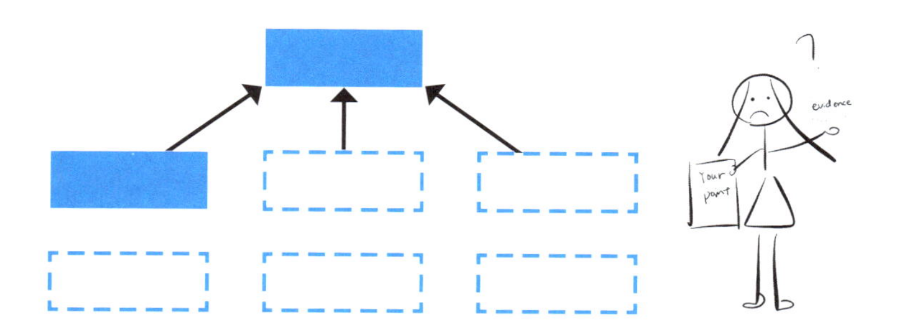

こういうとき、「いや日本人は英語を学ぶ必要がある！」と反論すると、こちらがその「必要性」を説明するハメになってしまうので労力の無駄だ。

はい、反論

涼しい顔で、

You have no support or evidence for that argument.

または、

Ok, can you tell me WHY?

と言ってあげよう。高確率でその先の根拠も出てこないから。

2 Your statement is NOT TRUE.（事実に反する!）

日本の英語教育の現状は正しい。多くの日本人は英語の会話ができるようにならないが、グローバルビジネスにおいて必要な英語スキルは読み書きだけであり、現状の英語教育は高レベルで読み書きの２技能を保証している。

English education in Japanese school should stay the same. While many learners do not come out from the system being able to speak English fluently, **the only skills needed in global business communication are the abilities to read and write well**. Japanese English education **guarantees high level of reading and writing skills for learners.**

相手はこう主張

これも、グローバルビジネスに携わった日本人の苦労を知らないのに、したり顔で違うことを言ってくる学者などによくある主張である。事実ではないので、ちゃんと指摘してあげよう！

はい、反論

日本人のグローバルビジネスマンが英語の会話、プレゼンテーション、電話、対面の交渉や営業など「読み書き以外のスキル」を必要とするのは私の経験からも明らかであるので、1個目の論拠は事実に反する。

また、学習指導要領で保証された高校卒業程度の語彙は3800語であり、英語圏で高レベルの読み書きに最低限必要な語彙は10000語であるので、2個目の論拠も事実じゃない。

Your statement includes some assumptions that are simply NOT TRUE. Speaking, presenting, conference calling and negotiating in person are critical methods of business communication between Japanese people and their English speaking counterparts. Additionally, Japanese high school English education fails to graduate most students with more than a 3,800 word vocabulary. To be a functional business level English writer and reader, one is required to know approximately 10,000 words.

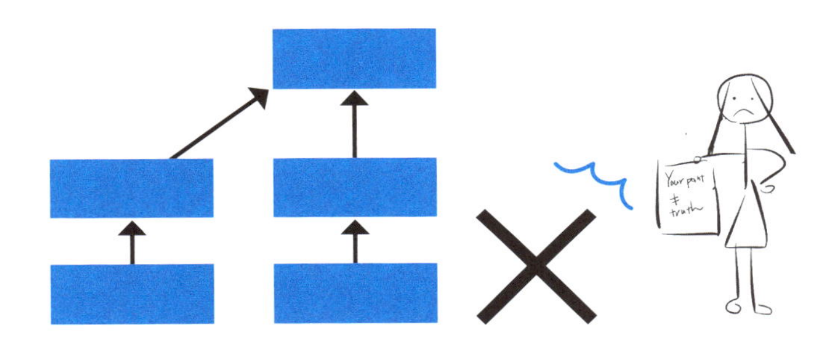

3 Your point is NOT RELEVANT.（論点と主張と関係ない!）

日本の英語教育を改善する？
それより、日本人なんだからまずは国語教育を改善すべき！
Japan should talk about improving the proficiency of Japanese language education instead of talking about improving English education.

相手はこう主張

あるあるすぎて悲しくなる、いつもの「まずは国語」論なんだが、これも明らかに「論」の形をなしていない。まさに日本の国語教育の危機を強調する結果になってしまっている。

NOT RELEVANT とか “That's beside the point! ”（論点ずれとるぞ！）と言ってあげよう。

はい、反論

「日本の英語教育を改善すべきではない」の根拠として挙げられている「日本の国語教育を改善する必要があるから」という論点は、直接関係がないため、主張を支えていない。英語と国語は独立した教科（言語）であり、改善をすべきか否かという議論は、お互いの言語の文脈で語られるべきである。

Whether Japanese language education should be improved or not is totally NOT RELEVANT to the main argument, that the English education should be improved.

4 Your point is NOT IMPORTANT.(根拠としてちっちゃいー!)

日本人は英語ができなくてもいい。できなくても生きていける人が、現にいっぱいいるからだ。

Japanese people do not have to be able to speak

English to live their lives. Many people are doing just fine.

相手はこう主張

はい、出ました。現状追認ですね。**この理屈が通るなら、学校で学んだが使わなくても生きていける数学も理科も歴史も教えなくていいことになるのだが。**

そういう論者には、その事実は、ちっちゃすぎて根拠として成立しないから“That's not important enough！”と言ってあげよう。

はい、反論

「日本には英語ができなくても生きていける人がたくさんいる」という論点は、それが現時点で事実だとしても、「すべての日本人は英語ができなくてもいい」主張として、根拠として重要ではない。「どうせ使わないから」は低品質な学びに何年も費やす理由にはならない。英語の出来不出来で生じる年収差が顕著にあり、「**英語ができれば、よりよく生きていける**」。

Even if it's true that most Japanese people can live their lives 'fine' without any English proficiency, it is NOT IMPORTANT enough as grounds for the argument "no Japanese people need to achieve English fluency." Post-graduate turn-out does not justify the mandatory low-quality teaching and learning for many years in school. Moreover, fluency in English is proven to improve expected individual annual income by an average of $40K.

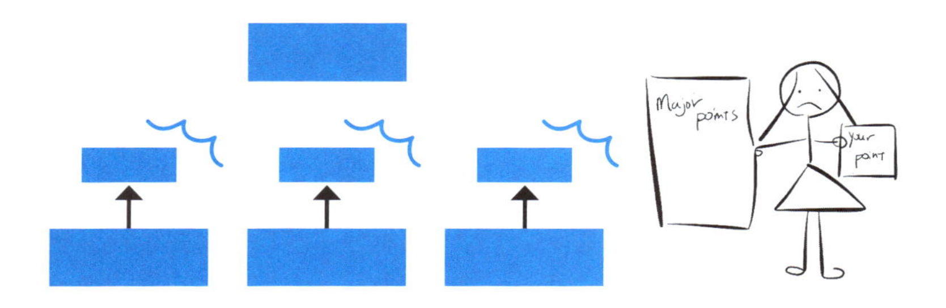

5 Your point is AMBIGUOUS.（論点の正当性が状況による）

英語ペラペラの日本人が増えてしまうと、人材が海外に流出し、国内が空洞化するから、国益に反する。

If Japanese people become fluent in English, there will be more brain-drain from the country and hurt the economy.

相手はこう主張

これは巷ではあまりたくさんは聞いたことのない言説かもしれないが、**某教育省庁の中でさえ本気で信じている人がいるらしい**。

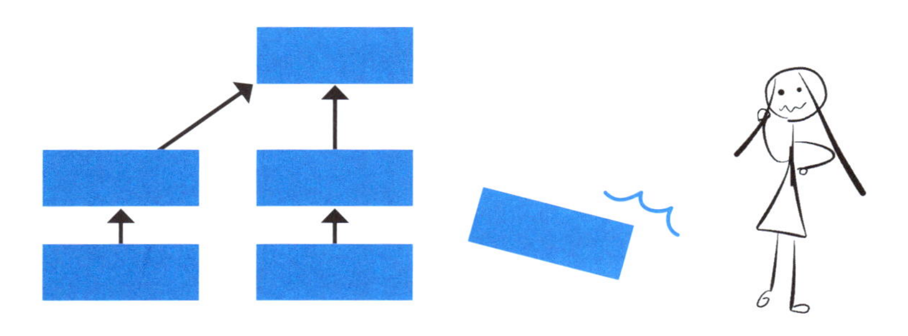

実際、インド、ロシアなど日本よりも英語教育が成功している国からは、高度人材の欧米諸国への進学、移住で帰ってこない人も多く、一般的にBrain-Drain（頭脳流出）と呼ばれる。だが、それが日本にあてはまるかどうかはまた別の話だ。

はい、反論

たしかに、日本以外の国々からは、英語レベルがきわめて高い優秀人材が英語圏に進学・就職する現象が見られる。しかし、中国など国内経済の成熟や若者の活躍できる環境づくりで、外国で学んだ人材が８割以上帰国し、さまざまな場でリーダーになるケースも多々あるため、「英語教育の向上で優秀人材が流出して戻らない」とは一概に言えない。**能力を発揮する機会を求めて人々は移住をするのであり、英語教育が改善したあとの日本社会が若者に能力を発揮する機会を与えれば問題ない。**

It is TRUE that, in some countries such as India and Russia, highly educated, fluent English speakers do "brain-drain" themselves to other countries for better opportunities. HOWEVER, this theory is ambiguous, and counter-examples exist. China, for example, has more than 80% of students who studied abroad come back and take on leadership roles in various fields. Young global talents flock to places that give them better opportunities. Therefore it is not clear that brain-drain is an issue caused by English education.

6 Your statement is a NON-ARGUMENT. Just so absurd and if I follow that logic, the world will end with fire.

（その論理展開に従うと、世界が終わるから！）

日本の英語教育は何も悪くない。英語教育の改善が叫ばれている動きは、教員の職をとりあげ、産業界がもっと儲けようという陰謀だ！

There's nothing wrong with Japanese English education. For-profit companies are conspiring to make more money out of improving Japanese English education and driving teachers out of jobs.

相手はこう主張

信じられないかもしれないが、「相手の論理展開に従ってしょうもない結論を導く（「それ言ったらおしまいよ」という結論を導いたほうが勝ち）」のはディベートの常套（じょうとう）テクニックだ。

親友のユエに、「お前のロジックに従うと世界終わるぞー」というのも、実は一番よく言われたフレーズである。ルールや前提が定義されているディベートでは、この手法で反論がきれいにキマることはめったにないから難しいらしいが、世界の現実はディベートではない。

だから実は、特に英語教育系の言説は、この方法が手軽だ。

はい、反論

「誰かが儲かるからそれは陰謀」論は、アホ論だ。何かあきらかに改善が必要なものであろうとなかろうと、結果的にサービスが発生し誰かが金銭的対価を受け取るならばそれは当事者に敵対する陰謀なので、改善の必要も打ち消されることになる。

同じロジックなら、教育はこの後千年も変わりっこないし、道路工事も、政府事務も、ビジネスも改善はできないことになってしまう。

Well, following this logic, you could blame any need for improvement on an act of conspiracy, or on enemies of the members who are involved, without supplying any facts to back it up. If anyone can use conspiracy theories to shut down ideas for improvements or changes to the status quo, then nothing would ever get improved, and Japanese education would stay exactly the same for another 1,000 years! And with the same logic, no roads, government institutions, or business practices would be improved either!

人生はディベートではない。**世界はロジックでまわっているとはかぎらない**。ロジックどころか、上記のような陰謀論で回っていることのほうが多い(事実としてではなく人々の思考回路の一部として)。

人間のロジックは反論できるが、「これはそもそも宇宙人のロジックだよな」と判断した内容のものは、内容の矛盾を指摘するんじゃなく、

That's a NON-ARGUMENT.

I need a better argument to be convinced.

と言い切ってあげよう。

①から⑤でさばいてきた、英語教育に関するしょうもない言説を見たらわかるかもしれないが、こういう言説はそもそも「反論されるかもしれない」前提で語られていない。

これは別に日本だけの話ではなく、2018年現在世界中で起きていることだ。トランプ政権など、あきらかに事実に反し、無関係かつ無意味な根拠が根拠として提示されても支持を集めるようなスピーチや記事、動画がとてもとても多い。

人間は、自分に都合のいい主張のロジック矛盾は水に流すが、都合の悪い主張の中のミスは見逃さない、なんていう心理学実験結果もある。

だからこそ、大事なのだ。

自分の中で反論の６か条を持ち、「モヤモヤ」と思ったら、どれかハマらないかな？　と思考ツールとして引っ張り出してみよう。モヤモヤがスッキリするはずだ。

「反論の6か条」もう1回おさらいしよう！

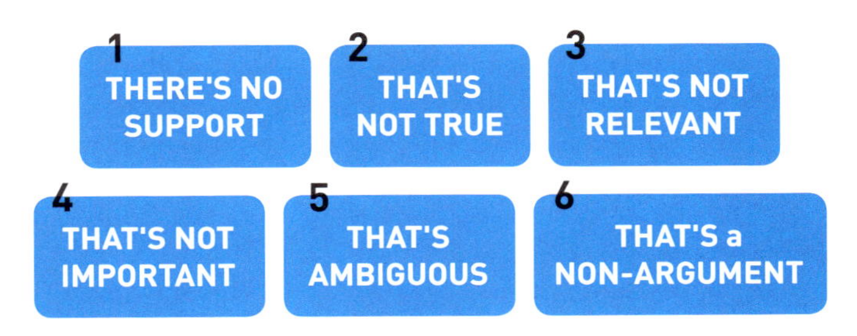

Sample Debate Tasks

2 四の五の言わずやってみよう！

さて、学んだこと全部を実践的に使うにはどうしよう？

とりあえず、身近な話題でディベートゲームをしてみましょうか。ひとりで脳内でやってもいいし、家族でやってもいい。
もし家族や教室でやるとしたら、誰がどちらのスタンスを取るかはコイントスで決めようね。

「ディベートのルール」は、こうだよ！

1 Agree（賛成）か Disagree（反対）か、まずどっち側になるか決めよう。

2 決めてから、ディベートのトピックを決めよう。

3 3分以内に、賛成（または反対）の理由を3つ考えよう。自分で考えてみてもいいし、英語でググって世間のいろんな主張を参考にしたり、根拠を集めたりしてもOK！

4 次のフレーズボックスに入れ込んで文章にしよう。
I believe [Main Argument：賛成（または反対）の内容] is true for three reasons.

First, [Main Argument] is true because [理由その1]

For example, [　　　　　] ←具体的な根拠を示す

Additionally, [理由その2] also supports [Main Argument]
Actually, [　　　　　] ←具体的な根拠を示す

Finally, [Main Argument] is true because [理由その3]
To be more specific, [　　　　　] ←具体的な根拠を示す

5 賛成、反対の主張をそれぞれ読み上げよう。聞いている側は、相手の主張を必ずメモってね。あとで反論するのに使うのだ。

6 聞き取った主張をもとに、反論の6か条をあてはめよう（146ページ参照）。これも3分で目標は3つ。

7 反論をそれぞれ読み上げよう。こんなフレーズボックスで。

I disagree with the opponent team's argument for these reasons.

と言ったうえで、こんな表現が使えるといい(ここではもちろん全部使わなくていいからね)。ちょっとハードル高めに感じるかもしれないけど、これはライティングの武器にもなるので、覚えておくと便利だよ。

❶論点・根拠なし！
You have not explained why 相手の主張がちゃんと説明していない重要な点.

❷事実に反する！

▶ 相手の主張 is not true! According to my knowledge, 相手の主張が正しくないと思う自分の知識 .

❸論点と主張と関係ない！

▶ 相手の主張 is not relevant to your main argument. You see, 的外れな相手の論点 .

❹根拠としてちっちゃいー！

▶ 相手の主張 is not particularly important in this context. Because 相手の主張が重要ではない理由 .

❺論点の正当性が状況による

▶ 相手の主張 depends on the time and situation so it is not always the way you say is.

❻アホいうな。その論理展開に従うと、収拾つかねーぞ！

▶ Your logic is too absurd! Following your logic, 収拾つかねーぞ！の内容 .

8 クールダウン。本物のディベートならここで審判が入り、説得力のあったほうが勝ちになる。だが、ネイティブ・マインドは別に勝敗は気にしない。むしろ、お互いの主張を振り返り、正直な気持ちで「これさぁ、ここのところは説得力あるけど、これは個人的にはこう思う」みたいなフィードバックを伝え合って、気になるところがあればググったりすると知識が深まるよ。

I WANT TO LEARN THE COOL STUFF

英語で英語のまんま、探究的に学問しよう

1 ハーバードの授業に、誰でもアクセスできる時代

インターネットにさえつながっていれば、どんなに有名難関大学のすごい教授の授業でも、無料ですぐに聴けてしまうのがあたりまえになったのが、MOOC（Massive Open Online Course）黎明期の2012年ちょいのことだ。

大学はいらなくなるのではないか？
一斉授業ばっかりする学校も、いらなくなるのではないか？
ハーバードやMITの授業だって、無料でネットにあるんだし。

実際、MITは20年も前から、ほぼすべての講義のレクチャーノートや、レクチャー動画をオンライン無料公開している。

「そんなことをしたら、MITの価値がなくなってしまう！」
と、当時の他大学からは揶揄されまくったという。

けれど、その予想は外れた。

それどころか、MITは過去７年ほど、世界大学ランキング１位を維持し続けている。教育に携わる者にとって、非常に示唆深いケースだ。

無料で賢くなるあらゆるツールが揃っているのに、どうしてみんながそれを使って賢くならないのか？

その答えの一部が、「ふつうの学校では、勉強を言われたとおりにやる方法は教わるけど、自由に好きなものを自分のペースで学ぶ方法は教えてくれないから」。

つまり「超主体的に学ぶ方法」を、みんなが知らないからではないかなと思う。

自分から学ばないと「何も」身につかない……!?

オンラインで子どもから大人まで、お金をほとんどかけずにありとあらゆるものに学び放題のチャンスがある時代だ。

方法さえ自分のものにできたら、英語を通して世界の叡智がガンガン手に入るというものすごい可能性を開けるのが、このステップである。

はい、いつもの思い出話です。デューク大学で入学直後に修論レベルの授業に放り込まれたときの話。

我らがデューク大学、オバー先生。この写真では優しそうに微笑んでいるが、実物は眼光もツッコミも超鋭くて18歳集団にとっては、あったかコワい教授だった。

学び方って、じゃあなんだろう。また思い出話で恐縮だが、デューク大学1年生のとき、一番最初の授業の話をしよう。

私が大学でいの一番に出会った教授がオバー女史（Dr. Jean Fox O'barr)。そう、出会ったときからこの見た目で、**「おばーちゃんみたいなオバー教授」**とひとりクスクスしてたんだが、残念なことに日本語がわかるのは私だけなので誰にもわかってもらえなかった。

この人は1980年代にデューク大学に女性学の部署を立ち上げた人でもある。彼女の最初のセミナー授業で、
「諸君、高校と大学の学びの最大の違いはなんだと思うね？」
と鋭い感じで問うた。そして、

「諸君は与えられたものを、
口をパクパク開けて飲み込む学び方をしていた
高校までの学び方を忘れよ。
新１年生のひよっことはいえ、
デューク大学に所属する一員であるからには、
学問の府に新しい知識や学びを貢献する義務があるのだ。
特に、わたくしの授業においては！」

と高らかに宣言したのだ。
その後、１学期まるごとかけて「任意の社会運動についての新しい切り口と発見を綴った社会学卒論50ページを書く」という、大学学部の新１年生の１学期のカリキュラムとは思えない地獄のような内容の課題を出され（あとで知ったことだが、こういうのは修士課程くらいでふつうに課される内容らしい）、その１学期のあいだ、私の睡眠時間は平均４時間となり、部屋の中は研究トピック関連の書籍30冊以上に、つねに埋もれた。
そしてルームメイトには嫌われた。
今でも、その研究課題については無駄に小１時間語れる自信がある。

「考えなきゃ」と、その書物たちに向き合いながら常に自分にハッパをかけていた記憶がある。

「新しい切り口の、私だけの問いとか答えを見つけなきゃ」

実に楽しかった。ああ！　これが大学なのか！　大学ってさすがだ！　と思った（←実は違う）。

だが、週1回集まるだけの授業で、よくもあんなにやる気と根気と狂気がこもった学びが実現できたものだ。そう、「超主体的に学ぶ」というのは、高等研究機関の一員としての学びなのである。

「研究」とは、イメージでは、博士号を取った人間が研究室で白衣着て一生を捧げながらするもの、自分が「問い」を立てた答え、というイメージがあるかもしれないが、ほんの1学期だけでも「答えを探す旅にちょっと出てみる」ことは、十分できるのだ。

探究学習と呼ばれて最近流行っているやつである。何かを探し当てるだけではない。

恩師が教えてくれた「思考と行動のフレームワーク」

新しい何かを見つけるのが前提の学びには、いやでもオーナーシップがともなう。

そして、彼女が厳しいながらも教えてくれたのは、知識の中身ではなく、「思考と行動のフレームワーク」だった。

「徹底的に答えを探す姿勢と、研究のやり方と、論文に落とし込むときのお作法」だけであった。

「探究のお作法」×「思考ツール」×「ワクワク(=興味関心)」×「ちょっとした強制力」

ちょっとした強制力とは、例えば、来週までにChapter1を提出!!! または来月までにプレゼン資料完成!! とか、そういうことである。

ちょっと苦しんだりもしながら実感として経験してしまえば、自分の力で無料コンテンツを使って学ぶことは十分可能だ。

後で聞いてみたら、別にデュークのような大学でも1年生の1学期から修論のようなものを無理くり書かせる授業がそうたくさんあるわけではなく、わりと試験的な試みだったようなのだが、世界的高等教育機関にいる本気の教育者はすぐこういうことを考えて実行に移すから恐ろしい。

けれど、あの経験で得た感覚は、確実に一生モノになっている。

結局のところ、「先人が積み重ねてきた膨大な量の学問の府にて新しい知識を貢献するために学ぶ」→「つくる前提で学ぶ」→「学びは自分のもの」→「MITの体験型の学びやアントレプレナーシップ」と私の受けてきた教育の系譜がすっとつながる。

21世紀教育でいわれる探究的な学び方は、「新しい教育」「新しい学び方」などではない。

古代アテネの「大学」で世界の真理を説明しようとしていた人たちから脈々と受け継がれる、人類史と一緒に歩いてきて産業革命の工業型教育の普及で少し手の届かない存在になってしまった、「本質的な学び方」なのだ。

まあ、だから、21世紀型教育というのは、「復古運動」の要素が強い。**テクノロジーが可能にした「復古運動×イノベーション」である。**

さて、オンラインには無料で本当にすばらしい教材が、無数に落ちていると言った。

例えばどういうものか。

超有名大学の超難しい講義ばかりではなく、ネイティブ・マインドに来ていた中学生以上大学生以下の受講生にとっても、特に難しくない内容から、ちょっと難しいけど面白い内容、たくさんある。

ここでは、例題として、わりと幅広い年齢層にイケるだろうな、と思った、「MIT + K12」という組織のSTEMビデオを題材に、ネイティブ・マインド流にアレンジしたお作法をやってみよう。次のページから始めるよ。

2 ネイティブ・マインド的学問の「4つのお作法」について

1 Input 取り入れる

これは簡単。自分の興味のあるものの中から好きな動画を視聴したり、授業を聴いたり、本を読んだりする。

「お！　面白そう」と思ったものがとにかく大事。

残念ながら「英語の勉強」で出てくる教科書の文章などがそういう好奇心を捉えるものであることはとてもとても少ない。だから、今の英語のレベルにかかわらず、子ども向けでもかまわないから「他の英語圏住人がオモシロイと思って観るもの」を選んだほうが良い。あと、自分の専門分野や詳しい分野の話をしているときは英語でも案外わかったりするから、恐れず選ぼう。

選んだら視聴しよう。最初は5分から20分の短い動画がいい。選び方は後述したよ。

2 Digest 消化する

視聴して、「あー、面白かった」で終わらせないで、前章の3

Point Game を思い出そう。

そう、英語の授業系コンテンツも、教材ビデオも、TED トークも、ピラミッド型の Main Statement−Main Points−Supporting Details のような形式で展開していることが多い。

聴きながら、あるいは内容を思い出しながら、自分なりにピラミッド型に整理しよう。

何回も聞いたようなお気に入りの授業動画でも、このステップを踏むことで、絶対に新しい発見があるのだ。動画製作者の思考回路をなぞるみたいで、面白いよ。

▼

3　Question　「問い」を立てる

難しそうに聞こえるかもしれないが、これも前章を思い出せば簡単だ。

短く編集された面白い学習動画は、面白いところのエッセンスを凝縮させているから、学問的に細かい部分の説明を端折っている場合が多い。

だから、もっともっと奥深い世界に、学習者を案内するように、どうせつくられているのだ。「反論の6か条」があるじゃん。

それを思い出して、少しいじって、反論するの

ではなく深掘りすることを狙って**「これを学んだあとの素朴な疑問」を自分なりに立てるだけだ。**

4　Presentation　発表する・教える

教育関係者なら誰でも知っている、くらいのことだが、「教える」という行為ほど、学びを深めるツールはないという。

これは、日本の人気英語塾でも、MITのメディアラボでも、何度も何度も実証されている。

ということは、英語で学んだことを英語で教えられたら、そりゃ最高の学びだろう！ということで、「面白くて、わかりやすくて、自分らしい」プレゼンテーション、あるいはなんでもいいから「人に見せる用のアウトプット」をつくろう。

# 3 The Three Little Pigs Build by The River
3びきのこぶたと川べりの家(土木工学!)

“The Three Little Pigs Build by The River”という動画をさっそく使ってみよう。

オオカミの家が川の浸食作用で流されてしまった。それを見ていた3びきのこぶたが、ここに家を建てれば永遠にオオカミを遠ざけられると考え、川の浸食作用について学びながら、川縁に川が増水しても流されない家をどうやって建てるかを探究するという内容だ。

かわいい動画で学ぶ「地学」と「土木工学」!

私は人生で一度も工学系の授業には出たことがないけれど、この動画を見ると、こんな授業が高校時代にあったらなぁと思ってしまう。地学と土木工学の原点に触れるような、とてもよくできた動画(しかもこぶたがかわいい)なのでぜひ一度見てほしい。

とはいえ、これは本という一方的なメディアなので、簡単に内容を説明しておこう。

昔々、あるところに、3びきのこぶたがいました。
彼らは、川べりに家を建てて暮らそうと計画しました。

彼らが家を建てようとした場所には、オオカミがテントを建ててしまったことが判明！

残念に思っていたら、川が増水し、オオカミのテントが川に流されてしまった！　３びきのこぶたは、それぞれワラ、木、石の建築材を使い、「こうしたら川の浸食作用に対抗できる家をつくれるのではないか」と仮説を立て……。

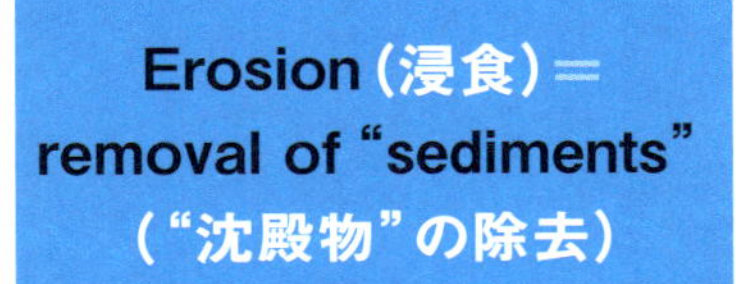

同じレベルの増水でも、それぞれの原理を使ったら、川に流されない家ができました！　めでたしめでたし。
その後、浸食作用や土木工学に使われる知恵などの解説が超わかりやすく展開されて終了。**このノリで、たった６分程度の動画なのだ。**

4 The Three Little Pigs Build by The River ×ネイティブ・マインド学問のお作法を当てはめる

さて、かわいいこぶた動画から具体的に何を学びとれるか、進めてくよ。

1 Input 取り入れる
まずは観て、ノートを取ってみよう

ここは、ふつうに鑑賞して、面白さを堪能して、授業とかでやるようにノートにメモを取ったりすればいい。

リスニングがついていけない！ということも多々あるだろうが、幸いにしてこの動画は英語字幕がついているから、わからない単語はGoogleで調べればすぐ出てくる。

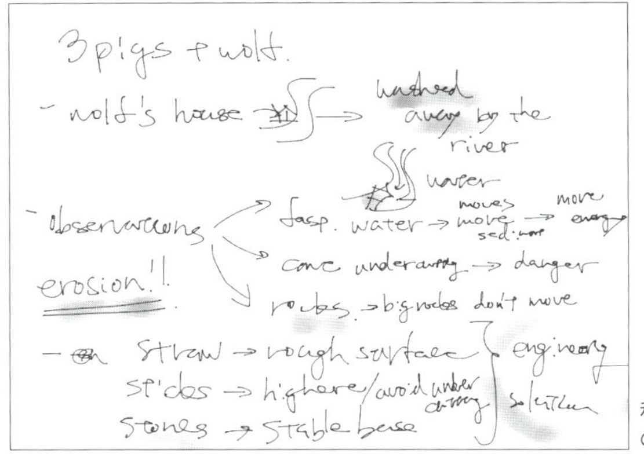

私の思考のカケラのノートだ！

こうやって調べた単語とかって、忘れないんだよね。それでも意味がわからなかったら、ゆっくり再生したり、何回も再生したりすればいいのだ。

ひとつのビデオの細かい意味が、何年もあとでやっとわかる、みたいなことも私にはあったので、「だいたいこんな感じかなあ」と曖昧力を発動させてかまわない。**ここで完璧主義に陥ると燃え尽きちゃうからね。**

ノートの取り方も、このInputの段階では、私の書いたメモのように、**自分にだけわかるような殴り書きでかまわない。**「へええええ！」と思ったところだけは逃さずに書き留めよう。

2 Digest 消化する
学んだことを、絵や図に整理しよう

さっきの殴り書きメモだと、ただの自己満足なので、**「人に見せてもいい」レベルで絵や図を活用**しながら、理解確認のためにも整理してみよう。これは英語圏サバイバルでとても役立つスキルだ。

TOEFLほぼ満点でも、デューク大学ではいきなり修士論文レベルの勉強を課されて苦労した私は、**英語力の不足を補うために「ビジュアルで魅せる」＝言葉で説明するのが難しいところを、プレゼンの場でワイドショーのフリップのように図解をがんばって好評を得たものだ。**

英語には問題のないアメリカ人の同級生たちもポイントを絞っ

てわかりやすく論理的にプレゼンできるとは限らなかったので、劣等感が解消されて、かなり嬉しかった思い出だ。

図解は、もちろんテクニックが存在する。

例えば、この３びきのこぶたのビデオだと、こんな図解テクニックが使える。

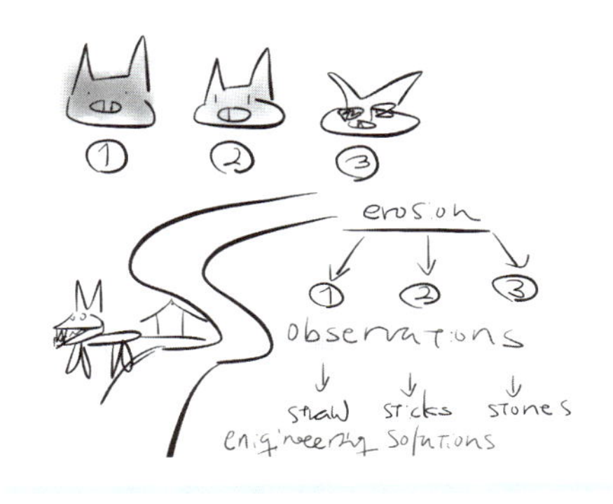

ストーリー型全体構図。登場人物と学びの流れを同時に解説できる。

	obscription	solution
Itzi		
Mitzi		
Tim		

マトリックス整理。それぞれのこぶたの仮説とソリューションを整理してみる。

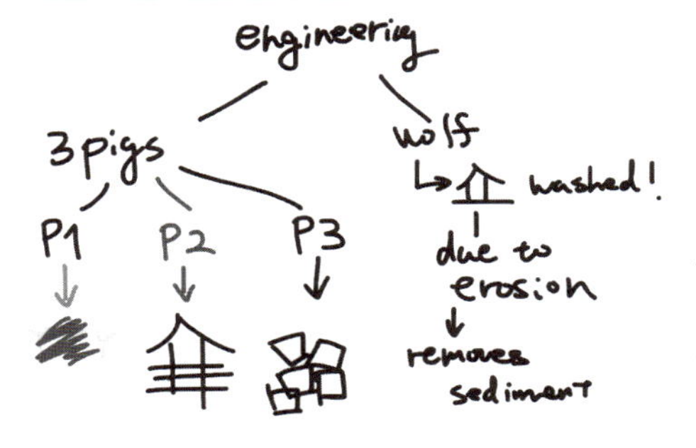

ピラミッド型構造。文字と絵でこうやって整理すると、制作者のマインドを逆算している気分になる。

これらの方法に必ずしもとらわれなくてもいい。

自分のスタイルを１から発明したっていいし、紹介した方法を組み合わせてもいい。大切なのは、あなたがこの動画で学んだことを伝えたいという気持ちだ。「すごい。これ誰かに教えなきゃ！」っていう気持ちが創造性を育てるっていうのは、科学的にも証明されている。

3　Question　「問い」を立てる
もっと知りたいことは?

前のステップでつくった図解ノートを、よくよく眺めてみよう。

制作者の思考回路をなぞったみたいで面白いんだけど、そこまで整理すると、「もっと」知りたいことが出てくるんじゃないのかな。

とはいえ、今の学校では「習ったことは習ったこと。習ってないことは関係なし！　以上！」という考え方が主流なので「質問のしかた」みたいなものは教えてくれない。

だから、「反論の６か条」をちょっといじってみたよ。

そしてそれぞれ、ビデオを見たら浮かぶだろう「問い」を紹介してみる。あくまでもこれらは例なので、ぜひ自分の「問い」を立ててほしい。

WHY? **（それはなぜ?）**	川べりに草が生えていると、水の流れが遅くなるのはなぜだろう?
IS THAT TRUE? **（それ本当かな?）**	川べりに家を建てるための3つの解決策は今も通用するってホント?　この方法が有効なら、なぜ人はいまだに洪水を怖がるわけ?
WHAT ELSE MATTERS? **（他に関連してる要素は?）**	浸食作用が家を建てるときに影響するのはわかったけど、堆積（たいせき）作用は関連しているんだろうか?
IS THERE ANY EXCEPTION? **（例外はないのかな?）**	水の勢いを防ぐために川べりに草を生やすって言っていたけど、ほかに違うやり方はないのかな?
WHAT ELSE IS IMPORTANT? **（他に重要な点は?）**	この3つのやり方以外に、洪水に強い家を作る方法ってあるのだろうか? あと、コスト的に、一番安い方法と一番高い方法って、あるんだろうか?
WHAT'S THE LOGIC BEHIND IT? **（この背後のロジックは何だ）**	今日習ったことが土木工学の基礎だというのはわかったけど、具体的にはどういう名前の単元なんだろう?　あと、物理とかの法則でいったら、どれが当てはまるんだろう?

この疑問たちは、せっかく湧いたのだから、ぜひ湧いたそばからググってみよう。このビデオを制作した人たちの世界が垣間見えるきっかけとなるだろう。

Wikipediaのような読みやすいサイトでもいいので、しばらく疑問にまかせてネットサーフィンしてみよう。

すごく興味を持ったことなら、自分で実験してみてもいいかもしれない。例えばこれなら、砂場なんかでできるよね。

大学で何を学びたいかわからないから大学選びが進まない、という人は日本でもアメリカでもたくさんいるが、**そもそも高校までの段階では、いろんな学問があることを知らない人が多い**。

あらゆるビデオでこの**「疑問→グーグル」**をやると、本当にいろんな発見があるよ。

4 Presentation
発表する・教える

おめでとう!

これで「英語で」学ぶための4STEPのうち、大変なところは全部終わったよ。

あとはプレゼンテーションだが、いろんなフォーマットがあるなかで、とりあえず基本的なやつを教えておこう。

仲間や家族が付き合ってくれるなら、ぜひ一緒にプレゼン大会をして、「動画版ビブリオバトル」みたいにしたら楽しいよ。

1 ▶ Introduction!

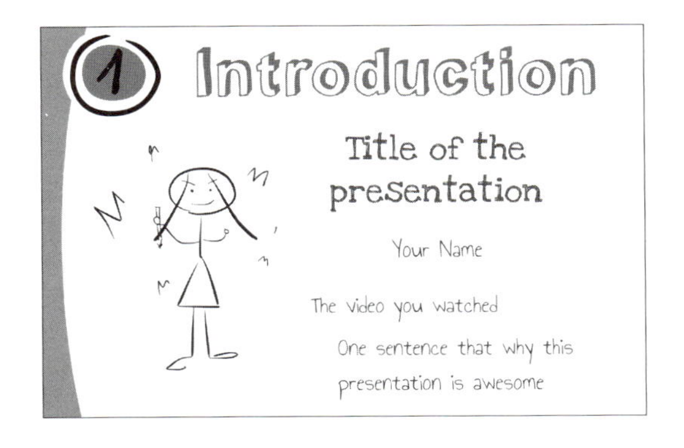

Hi beautiful friends!
(親愛なる友人のみなさん)

As you all know, my name is Nene.
(みんな知ってると思うけど、私の名前は寧々です)

I'd like to talk about 3 little pigs each built great houses and avoided the wolf forever with brilliant engineering solutions."
(今日は3びきのこぶたがいかにすごい家を建てて、すばらしい工学的な解決策によってオオカミを永遠に遠ざけたかっていう話をしようと思います)

2 ▶ Video Content Digest

ここは、動画をふつうに鑑賞して、自分なりの「こういう話だったよ」という内容を、165ページのように図解したことだし、それを面白く説明しよう。実際、英語で人前でプレゼンするプレッシャーをかなり軽減してくれるのが、わかりやすい図解だったりすることを実感できることになるよ。

3 ▶ Question/Discussion

次が一番肝の部分「疑問」を呈するところだ。プレゼンの最後にあなたの疑問をリストアップして、それについて聴衆と一緒に議論できるようにしよう。

聴衆にどう思うか質問してみると、あるときは答えを知っているかもしれないし、あなたと一緒に不思議がってくれるかもしれない。どう展開するかはその場次第だ。

また、**これは、あなたがまとめたプレゼン内容にわかりにくいところがないかどうかを確認するいい機会でもある**。

これが大学の本物の授業だったら、あなたは質問攻めにあうかもしれない。自分でつくった資料のことはよく理解しておこう。大学の場合には、プレゼンを用意するかわりに、今までやってきたようなプロセスを全部網羅した論文を書くこともある。

あるいは発表する場がなかったらジャーナルという手もあるよ。

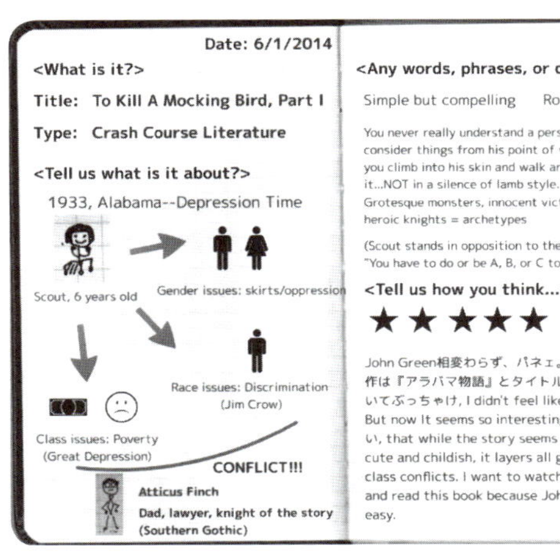

さて、これでインターネット上にあふれるタダの一流の教材を

使って、どう学ぶのかは理解できたと思う。
さすがにもうわかってもらえたと思うが、ネイティブ・マインドは、英語を学ぶことを目的としているのではなく、
「英語で」どう学ぶかということ。そして、
そのためには「英語でつくる」って作業が一番効果があるってこと。
そこにフォーカスしている学び方なのである。

はい、もう一度、おめでとう！
これで「学問」できるようになったね。

ネイティブ・マインドのコア・ステップは、これで終了です。
「日本の英語教育がよくないから海外に憧れる日本人も英語ができないためにグローバルな活躍ができない」
という思い込みをぶち壊すためには、STEP0から4をやればできるのよ。

海外への思いが強い人はみんなできたから。

あと、結構重要なことを最後に言うと、

「ネイティブ・マインド」は絶対じゃない。

「このやり方は合わないから、ちょっといじろう」
「ぜんぜん違うやり方にしてみよう」
というのも、全然応援したいということ。
私の教え子たちも、どんどん好きな方向に好き勝手にネイティブ・マインドをいじりまくっている。

私は、メソッドクイーンになりたいわけじゃない。

たとえこれを読んだあなたがネイティブ・マインドから何ひとつ「今すぐ使えるもの」を受け取らなかったとしても、1個だけ受け止めてほしい事実がある。それは、

純ジャパだろうと、ドメだろうと、お金がなかろうと、学力が高くなかろうと、いい先生がいなかろうと、高校卒業前に英語圏で活躍するレベルの英語力を手に入れることは、日本人でも十分に可能！

ということだ。

「勇気、道しるべ、仲間」を思い出してほしい。

ここでいう勇気は、せいぜい「いいわけをしない勇気」でしかない。それだけで、ぜんぜん違うのだ。

次章では、STEP5として、TOEFLなど英語圏で活躍するためのハードルを、STEP1から4で学んだメソッドで、サクサクとクリアする方法を教える。

これをがっつり実践した人間の
TOEFL100点到達率は9割だ。
しかも、全員が高校生。

この実績に関して、私が貢献したのは「リミッターを外したこと」だけだと思っている。さあ、こうご期待。

寧々のレベル別おすすめ「学習動画」

MIT K-12　Videos

▶ https://www.youtube.com/user/MITK12Videos

MIT の学生が、小中高生に、STEM に興味を持ってもらおうと、クリエイティブかつ体を張ってつくっている動画シリーズ。モノがあるのでわかりやすいうえに、理系に興味がなくても面白い。小学生の子でも親御さんと手を動かしながら実践できる内容も多々あり。

TED Education

▶ https://www.youtube.com/user/TEDEducation

TED の良質な教育コンテンツ、そしてアニメーション。3 分とか 5 分でいろんなものの仕組みを解説してくれるうえに、教育者用の質問集などもついている。

Crash Course

▶ https://www.youtube.com/user/crashcourse

ベストセラー作家の John Green 氏と、その兄、および素敵なチームがやっている、かなり内容が深いうえにエンタメ性が高い、全方位の学習動画。無料かつ秀逸。英語字幕完備だが、動画は早口なので、少し上級者向き。TED Education に慣れたらぜひ！

VICE

▶ https://www.youtube.com/user/vice/playlists

VICE はスタートアップでありながら評価額 400 億を超えると言われる新進気鋭のメディア企業。ドラッグやタトゥー、車などのきわどいトピックで知られていたが、大手メディアがカバーできないような大胆なジャーナリズムで、「右も左も中道も」フェアにカバーする動画が多数、多様性やナショナリズムなど現代社会で重要なトピックを網羅している。ティーン向け。せっかくだから、本物の複雑な社会問題を題材に STEP3 や STEP4 で考えてみてはどうだろう？

HERE'S HOW TO CRASH STANDARDIZED TESTS

英語4技能のためTOEFL®を破壊的に攻略すべし!

TOEFL®について説明しよう

TOEFL®（Test of English as a Foreign Language）は、英語を母語としない人々の英語コミュニケーション能力を測る試験で、大学の実生活でのコミュニケーションに必要な、「読む」「聞く」「話す」「書く」の4つの技能を総合的に測定する。TOEFLは世界中で行われているすべての英語の試験の中で、もっとも信頼度が高く、アメリカ、イギリス、オーストラリア、ニュージーランド、カナダのほぼすべての大学をはじめ、150か国、10,000以上の機関が、TOEFLの成績を英語能力の証明、入学や推薦入学、奨学金、卒業の基準として利用している。現在はインターネットベースの試験(iBTと呼ばれる）で、マイク付きのヘッドセットをつけ、会場に設置されたパソコンを使って受験する。ちなみに120点満点で、配点は各セクション30点ずつだ。

「楽しい勉強法だから、試験や成績に結びつかない」という思いこみは、
「のび太くんはメガネをかけているから頭がいいに違いない」
という思いこみと同じくらい不毛だ。

たった5日間で、ドメドメ女子高生がTOEFL100点超えした話

寧々

はい、突然ですが、ここで書籍の雰囲気を変えて、対談形式でお伝えします。ネイティブ・マインドSTEP5は、何を隠そう、世界でもっともえぐくて難しい英語４技能試験、TOEFL iBTの対策講座、でしたよね！　ゲストは、2013年元祖ネイティブ・マインド講座１期卒業生のゆっこ君！　**世界で最初にネイティブ・マインドのメソッドをそのまんま使ってTOEFL対策した人でもある！**
ちょっと自己紹介してくれたまえ。

ゆっこ

わー、いきなりのご招待ありがとうございます。ネイティブ・マインド１期のゆっこです。参加当時は高２でした！　アメリカの大学を目指していたのですが、いろいろあって慶応大学法学部です！　今はワシントンDCで議員のインターンをしています。ていうか、ネイティブ・マインドが本になるんですね！

やっと時代が追いついたらしいんだ。さて、どうしてSTEP5になって対談ゲストに卒業生の君を呼んだと思う？

それは、ぶっちゃけ、寧々さんが**いまだに変わらない日本の英語教育や、文科省によるグダグダの4技能試験改革**にブチギレてて、それを思い切り文章にすると雰囲気が暗くなっちゃうから、とかじゃないんですか？

いきなり大人の事情を暴露してくれてありがとう（笑）。それももちろんあるが、もうひとつ読者にとって役立つからなんだよ。

えー、私の経験が役に立つんですか？

私が自分でTOEFLを独学受験したときは、ネイティブ・マインドなんてなかったからさ。**「経歴はドメドメだけれども、ネイティブ・マインドを5日間だけ学んだ上で、日本人が激ムズだと思っているTOEFL iBTを独学で100点以上達成した」**君の存在が、これから受験する人たちにはロールモデル（道しるべ）になるんだよ。

それならいくらでも語りますよ！　そもそも学ぶということについて人生が変わるほど衝撃があったとか、ネイティブ・マインドを使って、家で大好きなアカデミー賞の授賞式のマネしたりとか、壁に向かって話した音声を録音したりとか……。TOEFLの点数は、４回受けて最低点が79、

最高点が101（120点満点）と、しょぼいのであんまり参考にならない気がするんですけど、いいんですか？

ごめんなあ。2013年当時は「それまでドメドメだった子がいきなりTOEFLに挑戦する」ことのハードルなどを何ひとつ理解していなくて、「私が高校在籍中に満点近く取れたんだから、お前も取れる！　100なんか取れたって英語圏大学では活躍できないんだぞ！　110とか必要だぞ！」とかハッパかけちゃったから101でもしょぼいと思ってるんだろ。そういうマッチョな煽り方はよくないよな。反省しておる。

いや、そう言われてなかったら、80とか取れた時点で「日本人だしこれで十分」と満足してたかもしれませんし。巷には、例えば「日本人で帰国子女じゃなかったらスピーキングの部分は30点中23点が限界」とかいう根拠のない風説もよく流れているし。逆に、「あ、自分はドメドメでも100点取れてあたりまえなんだ」と確信できてなかったらやってられませんでしたよ！

それはよかった。実際、面白い形だが、米国議員のインターンという英語で活躍する環境に身をおいてみて、TOEFLの点数と必要とされる英語力の関係について教えてほしい。足りるところと、足りないところと。

いやー、全然足りません！　最後に受けたときより年数が経っているので、なんとも言えないのですが、ネイティブ・マインドの経験があるため、日常会話や友達を作る、

スピーチをする、などは抵抗がない。けれど、ネイティブどうしの専門用語が飛び交ってる会話とかは、ちんぷんかんぷんで心が折れそうです。

それはもはや英語力ではなく、専門的すぎるってのもあるな！　私も大学時代、背景知識がないときに政治ドラマの『West Wing』を観たときはちんぷんかんぷんだった。

TOEFL は、レベル的には「英語圏の大学の学部 1 年生として最低限、あまり難しくない授業についていけるか」という試験なのだなと、遅ればせながら気づきました。

日本人による日本人のための「英検」って一体!?

TOEFL ですごくいい点数を取れていても、「試験のための勉強」しかしてない人たちは、英語圏に来てもまったく話せなかったり、発言できなかったり、聞き取れなかったりして、留学先で孤立することにつながる。MBA などでは日本人サラリーマンだけで集って他に友達がいない状況がふつうだし。中国などには例えば、TOEFL 攻略の大手塾があり、80や100はお金を払えば誰でも取れるんだけど、留学先でこれまた中国人しか友達がいない人たちを量産しているからな。

ああ、それわかります！　けど、留学先でどうがんばるかはまた本人のモチベーションの問題でもありますよね。ぶっちゃけ「行くだけでどんな子でも TOEFL80や100を取れる塾」があるなら、日本に持ってきてほしい！

その気持ちもわかるよ。今の日本の英語教育は、やたらと期待値を下げることばかりに躍起になっているからな。せっかく4技能試験を大学入試で原則必須にする話が出て、「受験英語のためには英文和訳や、英語長文の漢文式解読法や、発音記号など、実践的英語力をむしろ遠ざける指導法もしなければならない」といういいわけを解消できるとワクワクしていたんだ。そしたら、**日本人の日本人のための日本人にしか通用しない英検やGTEC***も認めるなんて言い出した。多くの学校が「じゃあ一番カンタンな英検やGTECが取れればいいや」となっている。

GTEC * ベネッセが実施している英語4技能検定。

うわ――――、超絶意味ないですね！「勉強は大学受験のためじゃない」なんてキレイゴトすら言えないじゃないですか。結局、今の英語教員と生徒の英語力で点数が取れる試験なら、意味がないですよね。高校生当時は、TOEFLで100を取るのがすごく難しいと思いこんでいたけど、本当のグローバルな場に放り出されてみて、その思いこみがあるうちは一生活躍なんかできないと思い知りました。

ほんとそれな。もちろん、物事には順序があるっていうのもわかるよ。英検はABCをはじめて間もないビギナーも成長の階段を登っていると実感できる。GTECはベネッセ社が「日本の中高生にTOEFLは難しすぎる」という理論でつくった試験だ。だから、例えば、大学出願時点で海外大学に通用する英語のレベルを、と思うのなら、中学3

年や高校１年までは安価な英検やGTECをまずクリアする道をたどるのは、立派な作戦だ。TOEFLはきつい試験なので、英検２級か準１級が簡単に思えるレベルになっていないと、挑戦するだけお金の無駄だしな。

テストが苦手でも英語に憧れがあるなら、それでOK！

ゆっこ

でも、そんなことを知らずに「うちは日本の大学受験に合格すればいいのでGTECと英検だけ最低限対策をします」とかいう学校もあるんですよね。

寧々

海外進学なんかしなくても、日本にいても英語で仕事ができるというだけで年収が400万円も違う、このご時世にね。そんなことを言う教育者は、何も知らないか、生徒が社会に出てからどうこうではなく、国内大学合格実績しか頭にないと言わざるを得ない。そして、若者の３分の２が非正規雇用、平均賃金は過去30年間下がり続け、ブラック企業が跋扈（ばっこ）するこの時代にそれは本当に無責任だと言わざる●▼◇（ゴニョゴニョ）。

ゆっこ

うわ、なにそれ悲しい。そういう学校の中にも、海外で活躍することや英語をしゃべることに憧れる子って絶対いるのに。

寧々

そうなんだよ。心ある英語の先生とかは「勉強やテストが苦手だから成績には結びついてないけれど、『将来、英語が話せるようになりたいなあ』って憧れを持つ子はたくさんいるから、なんとか今のカリキュラムとは違う形で応えてあげたい」と相談してくる人もいる。そして、5年ほど前の統計だけど、全国の高校3年生の約1割が「将来は海外で仕事をしたり学んだりしたい」と言っている。そういう思いを裏切って、テストとか評価とか教員のコストとか、何か意味のわからない大人の都合でちゃんと改革をせず現状維持でもやってける改革ゴッコってもう…!!!(怒)

ゆっこ

テストが苦手だけど憧れだけあるって、なにそれ昔の私じゃ〜ん! こっちも怒りが湧いてきたあああ! けど、そのためのネイティブ・マインドじゃないですか。怒ってる場合じゃないですよ。怒ってるけど。

人生を逆転できる最短の方法は「英語」!

寧々

ふう。たしかに。まあ、**だから日本人だろうがドメドメだろうが学力は高くなかろうが、憧れなどがあれば、ネイティブ・マインドでTOEFLはある程度取れるようになる。**私は勉強が苦手かつ嫌いな子を東大に入れるより、英語も他の勉強も、今の点数は低いけどいつかしゃべれるようになって広い世界で活躍したいって子にTOEFL80から100を取らせて、最近やたらある返済不要奨学金を取らせて、**東大より世界ランクが高いとこに海外進学**させたほうが生涯年収は明らかに高いものが見込めるから、**人生逆転劇としては簡単**だよ。『ドラゴン桜』よりコスパが高い。東大卒平均年収は、全大卒平均年収より、ちょうど400万円くらい高いんだって。東大行けるほど勉強しなくても同じくらい稼げる英語という武器を手に入れれば、幸せになる道を、もっと提示したいな。

ゆっこ

なにそれ楽しい！　やろうよ！　あと、私みたいに家の事情で海外進学できなくても、英語が準ネイティブレベルに使えると判明すると、倍率が高い外資系日本支社とかの就活にめちゃめちゃ有利になっちゃったことは特筆しておきたい！

寧々

もうやってるよ（笑）。なるほど、君の就職内定先は、同業界グローバルNO. 1で、しかも**新卒採用は1000人に1人くらいの倍率**だったよね、たしか……。

ゆっこ

うへへへ。褒めてください。その部門で採用されたの、非ネイティブ非帰国子女の純ジャパは私ひとりだったんです！

寧々

よしよし、エラいぞ。具体的に、どんな選考だったんだ？

ゆっこ

英語はしゃべれてあたりまえの部門なんですよ。面接中、日本語で話していたのに、突然英語になったり。外国人面接官に、卒論の内容について具体的に突っ込まれたり。そもそも純ジャパは「この部門でやっていけるか」を見るために、面接のあたりをわざとキツくしたって、あとで聞きました。

寧々

それなのに突破したのか！　すごいじゃないか。その調子だと、本来なら純ジャパは雇わないつもりだったんだろ。トランプ大統領に突っ込まれてろくに返答できなかった日本人記者よりよほどすごいじゃないか。

ゆっこ

入社説明のときにも、「日本生まれの日本育ちで大学も日本なのに、こんなにがんばって英語できるようになった君は、すごくガッツがあるんだね」って褒められましたよ〜。がんばります！……って、**寧々さん、泣かないでください！**

寧々

（ひっく）だって……すまん、感極まってしまった。ネイティブ・マインドやってよかったな、って思ったんだよ。そのガッツは、君がもともと持っていたものだ。人口の一定割合は、生まれつきそういうタイプの人間がいるものなんだ。もちろん、日本にもたくさんいる。なんていうか、当時、貸し会議室の一角でしかなかったネイティブ・マインドに来てくれてありがとう。
君がそんなに活躍してる物語の一部になれるなんて、27歳当時がんばってた私は、私ひとりのためにがんばってたんじゃなかったんだなって……。

ゆっこ

寧々さーん……。**ネイティブ・マインドで人生が変わったってのは大げさでもなんでもないですから！**メソッドも楽しいし役に立ったけど、日本の英語教育とか世の中の現実に絶望したり、いいわけしたり、文句言ったり、諦めたりする言葉ばかりしか見当たらなかったところを、**「だからこそチャンスがある。自分の力で人生を動かそう」**ってマインドになれたのはデカかったですから！　そういうアントレプレナーシップの話も出てくるんですか？　この本は。

わー。嬉しいが話を戻そう。アントレプレナーシップはSTEP5を終えたらちゃんと入るはずだけど、収拾つかないから TOEFL の話にしようか！！！

ここで強引にネイティブ・マインド流TOEFL攻略法突入

はーい。では強引に始めましょうか（笑）。実際、ネイティブ・マインド５日間キャンプの５日目は、中学生もいたのにいきなり TOEFL でしたね！　あれは今思うとなんでなんですか？　やっぱり海外大学進学を推していたから？

理由は大きく３つある。

1. ５日間だけ英語をまったく違うふうに学んだ受講生たちが、変な苦手意識を持たずに、「TOEFL もこんなものか。もうちょいやりゃ勝てるな」と実感してもらうため。実際、問題を見て案外解けちゃったりするからな。**「TOEFL なんか、エベレストのような山だと思いこんでいたが、登ってみたら高尾山くらいだった」**という名言があるが、それには無理やり登ってみなきゃわからないんだ。

2. ネイティブ・マインドは「楽しいだけ」のメソッドではなく、英語で人生を切り開くツールとして現実主義的合理主義的要素も含むことを示すため。具体的には「大人の人たち」の大好きな難しい試験にも対応してるぞ！ ていうのをアピールするため。そうじゃないとわかってない親や先生が「ネイティブ・マインドなんかやってないで英検の勉強しなさい！」なんて言い出したら目も当てられない。

3. ネイティブ・マインドのSTEP1から4が、試験対策として意図してつくってないのにTOEFL対策として勝手に全ハマりしたから。

寧々

ネイティブ・マインドは、完全にSTEP1から4まで、「これをやれば英語圏でやっていけるな」というのを逆算してつくったのに、めぐりめぐってTOEFLの4技能、リスニング、リーディング、ライティング、スピーキングのフォーマットに対応してたんだ。TOEFL対策をしようとつくったわけじゃない。よく考えてみたら、TOEFLがそもそも「英語圏で学問的にやっていけますか」を問う試験だから、理屈を言えばハマって当然なんだけど。

ゆっこ

TOEFLって、そう考えたらすごい試験なんですね。そりゃ、確かに北米の教育機関の門戸はそこにかかってますからね。単位落としたら平気で退学になるような機関で、英語の総合力を測るのに使われてるわけですから。

寧々

そうなんだよ。よく考えられてる。完璧じゃないけど、GTECとかよりは有効だ。だから、TOEFLを分解して試験対策するんじゃなく、素直に「活躍してる人」から逆算したネイティブ・マインドをやったほうが、点数も楽しさも総合力もついてくるという。

素直なメソッド、ネイティブ・マインド…!! 確かに、点数だけ高い人とくらべても、非ネイティブとしても英語の使い方が違う実感はありますよ。自分で妄想例文を作り続けたから、覚えた単語はすぐ使えるし。

そうなんだよ。使う前提で学ぶか、点数だけ取る前提で学ぶかで、初動が全然違ってくる。というわけで、ネイティブ・マインド流のTOEFL対策を、リスニング、リーディング、スピーキング、ライティング、ボキャブラリーの5つのカテゴリから解説していっちゃうから、君も付き合いたまえ。これから大学院とか行く前は、110とか取れるようにしような。

がってん承知！ あれ、4技能ではなく5なんですね。試験区分は4つだけど。寧々さんは「4技能なんかギマンだ！」とか、たしかに言いそうだけど。

語彙（Vocabulary）はすべての根本だからな。そして、みんなが嫌いな部分でもある。日本の英語教育現状維持論者は、何かあるとすぐに「日本人が英会話できないからダメだっていうんだろう」「過去30年、英語教育はコミュニケーション型になってきたが、そのせいでこんなにひどく……」みたいなことを言う。だが、みんな知っているように、日本の英語教育が真の意味でコミュニケーション重視をしたことは一度もない。
「コミュニケーション型になったのを批判する」のなら会話のひとつもできない教員に免許を出しておいて、その現状を「コミュニケーション型」として推進した役所を批判

すべきだ……！

日本人が英語できないとされる、あまり誰も言わないけどもっと根源的な理由は、会話じゃなくて「語彙量」だからな。

ネイティブ・マインド流語彙習得カード術とは

ゆっこ

うわあ、めっちゃくちゃ納得感あります！　ボキャブラリーは、TOEFL を受けたり、英語圏に出て行こうとするとたちまち苦しくなるやつだ！

寧々

さあ、どうして真面目に日本の英語教育の言うとおり、受験を突破して難関大学にも合格できるようになった人間が、TOEFL の前だと、手も足も出ないのか。明らかに、それは「英会話を学校でやったことがないから」ではないよ。語彙が足りないんだ。
学習指導要領で最低限高校卒業までに修めるべき語彙は3800程度。英検２級だって、合格者が全員5000レベルの語彙があるわけないし、高卒生が全員そのレベルなはずもない。1950年代の指導要領では4500とかだったはずなので、実質これは下がりっぱなし。「過去30年の英語教育批判者」は、もしかしたらこの現象に文句を言っているのかもしれな

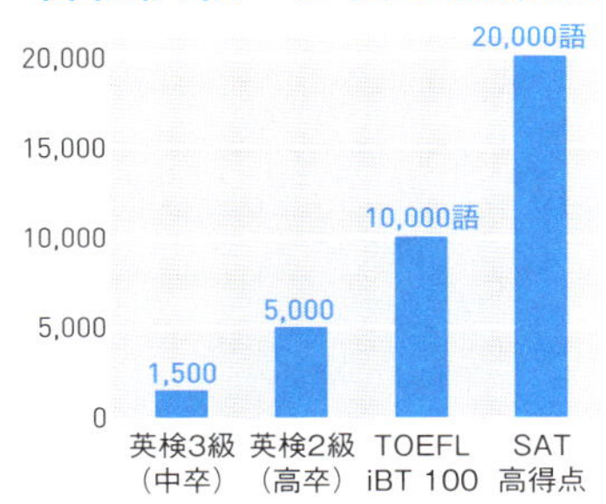

い。だが、当時とくらべると高校進学率も今とはまったく違うので同列に論じることでもない。

STEP3でさんざんやった、論じるポイントがズレてる人のことですね。あれを学んでから世間にあふれている文章を読むと、ツッコミどころしか浮かばなくて、しばらく悲しくなった件なんですけど。

よかったじゃないか。学んでなかったら今頃ただただ「モヤモヤ」してたぞ。この本の最初のほうでも登場させたように、日本の優秀な高卒生でも、今の受験英語や今の指導要領を意図的に全無視くらいしないと、TOEFLは「問題文すら読解できない」くらい、語彙が足りない。英国の言語教育系の論文で読んだことがあるんだが、たしか日本の平均的高校３年生は、TOEFLの中に出てくる文やリスニングスクリプトの中の50%しか、言葉がわからないらしい。

私を含む、そこらへんの高校生が「英検２級取ったしTOEFLやろ！」と思って本とか買ったら、いきなり心が折れますね!!

まさしく。しかも、日本のふつうの受験勉強でやるように、単語帳とにらめっこするだけじゃどうしようもない。聴き取れなきゃ意味がないんだから。なんだったら、ライティングやスピーキングでも、難し目の単語を使えば自動的に評価がよくなるので、「読めて書けて使える自分のものにした語彙」を、英語が得意な高校生なら３倍、不得意

なら10倍くらいにしなきゃいけないわけ。日本でそれまで試験秀才だった日本のエリートさんたちがTOEFLで辛酸をなめた構造がわかってきたろ。

ゆっこ

だから、語彙を7000か8000にするまでは、TOEFLの練習問題をやるな！って言われたのか。

寧々

よく覚えてるじゃん。練習問題は、たまに点数が取れたりして、できちゃうからつまらないほうの語彙取得が後回しになる可能性が高くなるからな。実際、70とか80で足踏みしている人たちは、学力で語彙が足りないのをねじ伏せて点数をとってきた節があるけど、そのさきには進めないから（笑）。けど、ここはネイティブ・マインドなので、そこらのTOEFLレベル単語帳が75%くらい終われば大丈夫ってことにするよ。それに、ふつうならもっとも楽しくない英単語を、もっとも楽しくするのがネイティブ・マインドだ。

ゆっこ

わーい。というわけで、私が覚えている限りで解説します！

TOEFLに限らず、語彙力を、急速かつ大量につけるために有効なネイティブ・マインド流フラッシュカード法を解説しやす。まず、名刺以上のサイズのカードを大量に用意します。好きな色のカラフルなやつでも、罫線が入っているのでも。そして、192ページのようなカードを大量につくってシャッフルして覚える。**例文が超大事。以上！**

だいたいよろしい。TOEFL をあと１年とか半年以内にいい点数取らないといけない！　みたいなことだったら、大量に100円ショップとかでカードを購入してレッツゴー！

だが、ゆっくりと語彙を増やしたいだけなら、ポスター形式にしたり、世界観にこだわったり、同時に絵心を鍛えたり、楽しくするのが肝心だ。

そして、これは私をはじめ、一部のオタク属性の人間により大きく当てはまることだが、**主語をフィクションの推しキャラにし、例文の内容をわざと不謹慎にすると、めちゃくちゃよく覚える**うえに、**「単語を覚える」という作業が苦痛ではなくニヤニヤしたリラックスした時間になる**な。SAT 対策を含め、1000枚以上のフラッシュカードを作成したものだが、かなりストレスが減る時間になった。ちなみに、大学院でハーバード留学した友達もオタクだったんだが、まったく同じ覚え方をしていたという……。

母語訳。
できることならニュアンスを調べて覚えやすくしよう。

簡単な絵でも図でもいいので描いてみよう。絵心がない？　それならグラフとかでもいい。

I hated the scary movie “the Ring” my friend Yue made me watch the other day!

自作例文。
これがもっとも大事。自分に関係ある、または変な、またはニヤニヤする、または不謹慎な自作の例文をつくろう。

「うんこドリル」的に自分だけのヘンな単語カードをつくる

出た！　そうか、寧々さんは**元腐女子**でしたね……。でも、萌え対象がいなくても例えば、**演劇が好きならそのネタを使えばいいし、お笑いが好きなら毎回笑えそうなネタを使えばいい**し、自分の友達やまわりの人間を登場人物にしてもいいし、自分が小説を書く設定にしてオリジナルキャラを使ってもいいし、友達と一緒にやるならリレー小説にしてもいいし、本当にクリエイティビティがなかったら、『うんこドリル』のマネをして全部うんこにしても……。

そうなんだよ！　教科書的につまらないやつじゃなければ、なんでもいいわけ。私が高3のときにつくったフラッシュカードの例文は人生最大の黒歴史として焼却処分にしちゃったけど、人に見せられない例文であればあるほど覚えるんだよ。**脳みそって、「変な、不謹慎な、ふつうじゃないもの」をより覚えるから。**しかもね、ニヤニヤしてつくった例文は当然、ニュアンス的にも英語的にも間違いだらけだったんだが、脳みそ的には「一度使った単語」として登録されるから、次に書いたり話したりする機会があると、**すっと使えちゃったりする**んだ。単語帳だけにらめっこして覚えた日本人の人はよく「使える単語があまりない」と嘆くけど、使う前提で記憶してないのが原因だとすると、これをやるだけでかなり解消できちゃうんだよね。

そうやって間違って使用すると、しゃべるときも間違えちゃったりしませんか？　私はよく「それ、言葉のニュアンスが違うよ」って指摘されて恥ずかしいことも……。

あるある。私もものすごくたくさん「それ、使い方違うがな」って言われたことがある。けど、**1回指摘されたら、次から直せばいいだけだし、成長ってそういうもんだろ**。人前で間違えるのが恥ずかしければ、「HelloTalk」みたいなアプリでご丁寧に教えてもらうことだってできるし。

そうですね！「HelloTalk」は本当に使えて便利です。ワシントンDCでインターンなんか始めると、学生のつもりで間違え放題ってわけにもいかないから、緊張でガクブルですが、ビジネスマンもそうなんですよね。指摘するネイティブも指摘していいか迷ったりするだろうし。間違え放題の環境をどれだけ確保するか、も大事ですよね。

だから、若いうちにできるようになったほうがいいってやつな。MIT時代は、みんな学生だから本当は間違え放題でもよかったんだけど、日本人の中には「そもそも間違いを指摘してもらえるくらいの友達ができないから」とかいって、**アメリカにいるのにレアジョブにお金払って英会話してた人もいるんだよ**。かわいそうに。

なんてこと。**それこそ、Scary!!**

本気でScaryなことに、ひとりやふたりじゃないんだよこれが。「英語はお金払って、つまらなくお勉強するも

の！」という思いこみが巨大な8600億円市場とアジア最低レベルの結果にかなり寄与しているというのに、フタを開けてみれば、ボキャブラリーの問題っていう。

『TOEFL テスト英語3800』Level3 までは覚えて！

ゆっこ

TOEFL に挑戦するなら、『TOEFL テスト英単語3800』（旺文社）の Level 3の単語覚え終わるまでリスニング以外は練習問題解くの禁止って言っていた重みが伝わります。でも寧々さん、この本って TOEFL 受験者のためのソリューションに絞ると、対象狭くなりませんか？　英検２級も取ってないような、例えば小さい子どもに日本の英語教育の被害者になってほしくないお母さんとか、これからがんばろうっていう中学や高校の先生とかも、単語は結構しんどいですよね？　確か、**日本の中高生の英語嫌いな理由の35％以上が「単語覚えるの嫌い」**だって言うし。

寧々

それが、もうちょい試験対策っぽくない語彙獲得法もあるんだよ。

例えば、サンプルに挙げたカード、ちょっと絵本ぽいだろう。

この図のサンプルは、中級レベルの単語帳、『DUO』ってやつからテキトーに並んでたや

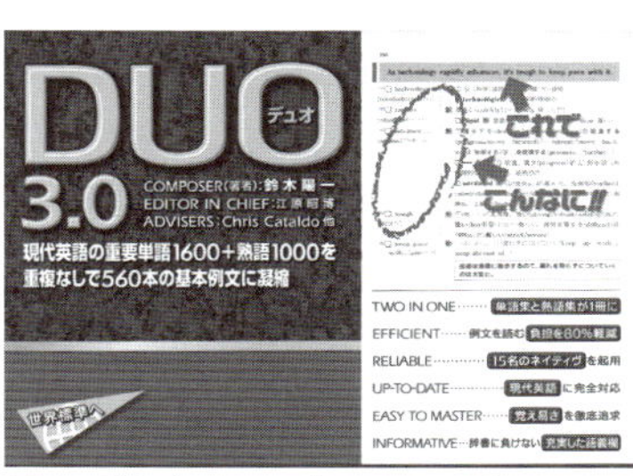

言わずと知れた『DUO3.0』

つを取ってきただけなんだが、**友達と一緒に悪ふざけしながら絵入りリレー小説みたいにしてごらんよ**。単語テストなんかへっちゃらだから。

ゆっこ

うわーなにこれ、楽しそう！！！　中高時代、放課後に喫茶店とかモスに寄り道して、みんなで勉強するとか称して教科書に落書きするノリで一緒につくったらめっちゃ覚えるなあ。

寧々

あとは、例えば小さいお子さんがいる家庭とかなら、親子で一緒に絵本をつくるノリでつくってみるとか。お母さんやお父さんが単語憶えるから手伝ってちょーだい、とかいうと幼児って結構燃えるんだよね。

ゆっこ

さすが寧々さん、すっかりママですね！

親子でやるなら、**子どもの本をネタにすると、親のほうが勉強になる。** 英語が得意なはずだったり、留学経験がある親の人でも、ふつうの小さい子の絵本に出てくる単語を知らなかったりするからな。例えば、ここに著作権切れだが日本人がほぼ全員知っている、国語の教科書にも載っている、『エルマーとりゅう』の原作絵本があるんだが……。

うわ～！　懐かしい。森の動物に囲まれて、いちいちガムとか歯ブラシとか、私物で解決していくやつですね！

それそれ。Loyalbooks.com には、こういう**日本人が翻訳で読んだことがあるような古典かつ著作権切れの原著やオーディオブックがたくさんある**から、子どもと一緒に何かやりたいとか、英語の本読みたいけどレベル的に何が合っているかわからない場合はぜひお試しあれ。難しいものでいうと、『シャーロック・ホームズの冒険』とかもあるし、ナレーションも上手いぜ。

ボキャブラリーと同時にやるべきは「リスニング」

さて、TOEFL に話を戻して、リスニングですね！

TOEFL のリスニングには、「Casual Conversation（会話）」と「Discussion（ディスカッション）」と「Lecture（講義）」がある。ついでにいうと、ライティングでも講義を聴きながらメモを取って書け、とかいう問題があるし、ス

ピーキングでもある。耳を使わなくていいのはリーディングだけで、これは日本人がもっとも点を取れるセクションと言われているが、全体の25%しかない。

ゆっこ

TOEFL を鍛えるのは、耳を鍛えるのと同義ってことですね。

寧々

実生活でも、結局そうだからな。**英語圏で活躍できるかは、耳が使い物になるかどうかで決まる**わけだ。しかも会話だって、昔の TOEFL と違い、アメリカのキャンパスライフの空気を予習しないとわからないものがたくさんある。寮に住んでて、ルームメイトの生活習慣が迷惑だとか、寮の部屋の廊下にシャワーがついていて、変な時間に浴びに行くとか、授業を取る際に時間割をアドバイザーに相談するとか、学校によって体育やら何やらが必修だったりとか、キャンパスの芝生を踏んづけちゃいけないとか……。

ゆっこ

あー懐かしい！　あと、成績が悪くてこのまんまじゃ落第するから追試を受けさせて！　みたいな交渉の場とかもありましたね。聴きながら笑っちゃったよ。

寧々

その会話の合間合間に "You can say that again!"（激しく同意！ という意味）みたいな、その特定フレーズを知らないと会話の流れを読み間違えるようなひっかけポイントをつくってあり、そこがいちいち出題されるんだよね、いつも。

うわ、You can say that again！　だ。懐かしい。あんまり実生活で使ってる人見ないのにね。まあ、それはいいか。TOEFL のクセみたいなものということで。

まあ、とりあえず、問題を見てみようか。

TOEFL リスニング会話編攻略はステップ1と2で!

Narrator

Listen to two roommates talking about fraternities.

Eddie: Oh hi, Marlon. I didn't hear you come in.

Marlon: Shower's too loud. Boy, you sure take long ones. Doesn't your mother complain?

E: Every time. She says I double the water bill.

M: I can believe it.

E: But a shower doesn't use nearly as much water as taking a bath does. 'Course, you wouldn't know- you don't use either one.

M: Haw! You'd know if I didn't. You wouldn't be able to breathe in here right now. What's the occasion?

E: It's Rush Week, my man. I've got a fraternity to check out tonight. Omega Theta.

M: Omega Theta? Really? They rushed you? That's a feather in your cup- Everybody says they're really cool.

E: Yeah, they are. But they've also got a good reputation for

academics, too. They've got the highest GPA on Fraternity Row..
M: Hmm- that means you're gonna have to keep up your average, too.
E: Yeah, but I figure that'll be easier to do with a little help from some Omega Theta friends.

（中略）

E: Sure, if I can- but I haven't even been invited to join yet.
M: Oh yeah, I forgot. Well, I want to hear how it goes tonight.
E: You bet. Reception's at six-thirty, dinner's at seven. There'll be some talking and a tour of the house and some one-on-one. No alcohol, I think.
So I should be back here by nine-thirty or ten at the latest. Then I'll spill all.

（中略）

M: Huh! Well, I don't want to hold you up. It's almost six o'clock now.
E: What? Yipes! I gotta go get dressed and get outta here!
M: I'll leave you to it. I'm going over to the Campus Club and see if there's a good movie on.
E: Don't you have anything better to do?
M: Naw. No one's rushing me tonight. Maybe it's the garlic I ate at lunch.
E:（laughs）Couldn't be your personality, could it?
M: Thanks. You're my pal, too. Lock the door when you leave, will you?
E: Yep. See you about ten?
M: If the movie's over. If there is one. Otherwise, I'll just be

hanging out back here.

E: OK. See you later.

M: See you. Have fun!

引用元：http://www.english-test.net/toefl/listening/Two_roommates_talking_about_fraternities.html

ナレーター〈二人のルームメイトがフラタニティー*について話しているのを聴きましょう〉

* フラタニティーとは、大学生男子の社交クラブみたいなもの。メンバーはひとつの建物（ハウス）に住み、毎週パーティーやイベントを開いて、自分たちの活動資金を集めている。

エディ　：あぁ、マーロン。入ってきたのに気づかなかったよ。

マーロン：シャワーの音が大きいよ。シャワーの時間長いなぁ。お母さんに文句言われない？

エディ　：いつも言われるよ。俺のせいで水道代が２倍だって。

マーロン：だろうな。

エディ　：けどシャワーってバスタブに入るより使う水の量が少ないんだぜ。両方使わないお前にはわからんだろうけどのぉ。

マーロン：はぁ？　それならお前、今ここで俺がクサすぎて息できんぞ。で、どーしたの？

エディ　：ラッシュ・ウィーク*（*大学の中にいくつかあるフラタニティーを見学するシーズンのこと。ただし、希望を出して招待状をもらわないとパーティーに参加できない。さらにパーティーの後に合格通知をもらったらようやく正式にメンバーになれる）だよ。オメガ・シータっていうフラタニティーを見てこようと思ってさ。

マーロン：オメガ・シータだって？　マジか？　招待されたの？

あ、お前のコップにホコリ入ってる……。みんなさ、オメガ・シータはめちゃカッコイイっていうぜ。

エディ　：まぁなー。だけどあいつら勉強もできるんだぜ。フラタニティーの中で一番成績がいいんだって。

マーロン：てことは、お前もそのレベルを維持しないといけないってことだな。

エディ　：まぁね。だけどオメガ・シータの優秀な友達がちょこっと助けてくれたらいけるっしょ。

（中略）

エディ　：まだ正式に合格したわけじゃないけどね。

マーロン：あ、そうだったね。で、今夜どんな感じなの？

エディ　：レセプションが6時半、夕食が7時。おしゃべりしてハウスのツアーがあって、その後先輩たちと1対1で話す感じかな。アルコールはないと思う。だから遅くとも9時半か10時には帰ってくる。そしたら詳しく話すよ。

マーロン：引きとめてちゃマズいな。もう6時だわ。

エディ　：マジか。着替えて出なきゃ。

マーロン：俺も出かけるわ。キャンパスクラブにでも行って映画でも観るかな。

エディ　：もうちょっとマシなことしないの？

マーロン：今夜は誰も俺のこと招待してくれないし。ランチで食べたニンニクのせいだな。

エディ　：（笑）お前の性格のせいだろーが。

マーロン：友よ、優しい言葉をありがとう（笑）。出かけるとき、カギかけるの忘れるなよ。

エディ　：OK。10時にな。

マーロン：映画が終わってたらな。映画やってるかな。やってなかったら適当にぶらぶらして帰るわ。
エディ　：じゃまた後で。
マーロン：楽しんで！

懐かしいエグさだ……。**この問題、クセ強すぎじゃないですか？**

まあ、この例題を見て思うことがいくつかあるよな。

1. シャワーとかママが怒るとか、飲んでるカップにホコリが入っているのを指摘するとか、本題と関係ない話多すぎる。

2. Fraternityってなに？　Rushって動詞なの？　オメガがなんだって？？？　前提知識としてアメリカの大学ライフの常識が頭に叩き込まれていないと、英語が聞き取れてもおそらく話についていけなくてパニックになる。

3. 英語を聞き取れる上に、前提知識を持った人間が関係なさそうなポイントまでメモを取りながら解き進めないと点が取れない。

4. これを聴いてクスクス笑うくらいじゃないと、アメリカで楽しくやっていけない。

まったくもってそうですね。こういう会話についていけな

くて留学生が浮いている、という要請に作問者が応えている感じなんでしょうかね。本場ではこれがさらに2倍速くらいで繰り広げられるんですけど。

寧々

これからこういう試験を楽勝で突破しなきゃいけないとすると、君はどういう勉強のしかたを勧める？

ゆっこ

えーっと。この部分の対策としては、なんか問題集をやるのがアホらしい上にちょっと違う形で知識が植え付けられそうなので、ネイティブ・マインド的に考えても渡米後の経験から考えても、**「アメリカ色が強い大学キャンパスライフのリアル青春ドラマを観まくる」**ですかね。

寧々

そ。それが結局一番の近道。けど、ただ観てケラケラ笑うだけじゃダメだぜ。なんもわからんうちに「楽しかった」で終わっちゃうこともあるからな。これは、STEP1とSTEP2の順番を入れ替えて対策すれば、たぶんもっとも苦痛なく終わる。

ゆっこ

STEP2では、ドラマや映画をひたすら観た上で好きなシーンをアテレコし、STEP1で、そこから盗んだセリフなどを使ってみる！　ですね！

寧々

TOEFLが3か月後に控えているのにドラマなんぞ観てていいのか！　しかもアテレコなんて！　とか思うかな？

ゆっこ

めちゃくちゃ気分転換にはなりますけどね。あと、自分の経験なんですけど、大学生活が楽しそうだから憧れが増して「自分もこうなるためにがんばろう！」って思えました。私、演劇部だったからなりきるのが楽しいのもありますけど。けど、TOEFL を３か月後に控えて慌ててネイティブ・マインドに入るんじゃなくて、例えば小学生や中学生のときからこういう英語の取り入れ方があたりまえになっていて、ネイティブ用エンタメ映画のフルスピード視聴ができていたら、逆にこんな試験は「ハエが止まって見える」感じになってたなあと思うと悔しみもある……。

寧々

そうか。それならよかった。TOEFL のリスニング前半部は、**アドバイスとしては「黙って大学生活ドラマ2作ほど観とけ」「英語字幕でわからない部分はそのまんまにするな」**なんだよな。私も、TOEFL 受けたときのリスニングは満点だったけど、本物のエンタメ作品をすぐ全部聞き取るのが難しかった。TOEFL は所詮、キレイなアクセントで声優さんがゆっくりしゃべってくれてるからな。

ゆっこ

観るならこれ！　っていう作品はどんなものがありますか？

寧々

こればかりは好みの問題もあるから一概には言えないのだが、Veronica Mars（ヴェロニカ・マーズ）や Buffy（バフィー）シリーズは大学生活も出てくるよね。2000年初期の作品だから、今ではありえないような問題もたくさん起きてる話だけど。まあ、Buffy は主人公が吸血鬼ハンターなので、ふつうにいろいろありえないか（笑）。Netflix で

「College」と検索すると大量に出てくるから参考までに。ネイティブ・マインドスタート時はNetflixも日本上陸前で映像作品はTSUTAYAに行かないといけない状態だったんだぜ。ありがたいこった。

まったくです。私はちなみに、×××××（守秘義務）が好きです！

ははは、君らしいな。ところで、なんでもないようなアメリカ人大学生の会話でも、STEP3でさんざんやったような、ピラミッド型の論理構造思考がしょっちゅう役に立つから、それも忘れないように。

TOEFLの登場人物の人たちって、ダメダメな人も多いけど、なにげに論理的ですよね。「この宿題を期日通りに出せなかった理由は1）―――　2）―――　3）―――」みたいな！　で、ふつうに先生に「だめ！」とか言われるという（笑）。

まったくもって。所詮スタンダードテストでそんなにクリエイティブな試験じゃないから、リスニングの口語部分は、パターン認識で十分なところもたくさんある。紙面の都合上これ以上詳しく書けないのは申し訳ないがな。

ネイティブ・マインドのTOEFL対策ってだけで、また1冊書けますからね……。

TOEFLライティングとスピーキングは基本総合力「しか」見ない

寧々

さて、アウトプットに当たるライティングとスピーキングだが、これもまた恐ろしいほどネイティブ・マインドっぽい。

ゆっこ

TOEFL って試験の見事な練られ具合がうかがえます。

寧々

前にも言ったが、ライティングは講義を聴いてメモを取りながら「要約を書け！」みたいなエグめの課題も出る。**さっき説明したまんまの解き方**を、選択問題じゃなくて記述にしたってだけの簡単なお仕事だ。スピーキングも、PC に向かってしゃべるのになれてなかったら、STEP1に戻って、自分のひとり言を録音するところからやり直しってことだな。

ゆっこ

とりあえず、どれからいきますかね？　似てるので、ちょっとライティングとスピーキングの形式を整理してみていいっすか……。

寧々

Free Opinion の部分をまず解説するね。はい、例題。ここはあえて日本語訳は書かないよ。

> SOME PEOPLE ENJOY TAKING RISKS AND TRYING NEW THINGS. OTHERS ARE NOT ADVENTUROUS; THEY ARE
> CAUTIOUS AND PREFER TO AVOID DANGER.

WHICH BEHAVIOR DO YOU THINK IS BETTER? EXPLAIN WHY.

SPEAKING：準備時間15秒　回答時間45秒
WRITING：30分

出た！　STEP3の3 Point Gameそのまんまなやつ！

本当だよ。しかも、15秒で個人的意見の立場を決めて、2つだか3つ論点を述べて、それぞれ理由を言えばいいの。紙とペンが渡されるはずだから、ぱぱっとピラミッド図を描いて、テキトーな意見をでっちあげて話せば終わり。

そのまんまなのはわかるんですけど、**いい点数を取るコツってありますかね？**

深く考えないで、**ディベートのつもりではっきりした意見を言うこと**だな。意見の正しさとかは関係ないから、自分の思い出とかファクトをでっち上げてもかまわない。あと、そこそこ難しい語彙を使いこなせていたり、First, Second, Finally, みたいな「ロジックわかってますよ」アピールができていたり、アメリカ人になったつもりで自信満々に言えたりすると採点者も人間だから評価は高いらしい。誓って言うが、3 Point Gameを思いついたとき、この試験フォーマットを意識していたわけではない（笑）。

Writing

Speaking

1 Campus Life

- キャンパス系告知文を読み（教室変わったとかプログラムなくなったとか先生がやめたとか）その後、その告知に影響された人間が賛成か反対意見を述べているのを聞く。
- 問題：その意見の論点の概要を言わされる。

▼

リスニングの会話と同じロジックだが、意見として論点があるので、STEP3 のピラミッド図で意見を組み立て、その構造から外れないように説明すればいい。

2 Free Opinion

- （スピーキングのみ）あなたの人生について語れ系（故郷についてとか好きな色とか）。
- （スピーキングとライティング共通）AとB、あなたの意見はどっち!?系（冒険派か慎重派か、とか）。

STEP1 で自分を語ることに慣れ、STEP2 でフレーズを覚え、STEP3 のピラミッド図で意見を組み立てることで対応可能。話すか書くかの違いだけで、形式は同じ。

3 Lecture

- 予習用パッセージを読み（短い）、その内容に基づいたレクチャーを聴く。
- この教授が述べている内容の概要を語らされたり書かされたりする。

▼

STEP3 のピラミッド図でリスニング同様の内容整理を行い、STEP4 で鍛えた「習った内容を自分の言葉で説明する」スキルをそのまんま使えばいい。

Free Opinionはスピーキングもライティングも同じネイティブ・マインドを使えばいいよ!

立場を決める

論点を
2〜3個書く

メモを見ながら
好き勝手言ったり
パラグラフ
エッセイを書いたり

ゆっこ

とにかく、でっち上げでもいいから片方の立場をゴリ押しすればいいってことですね！　わかりました！

寧々

まあ、そんなもん。模範解答はのっけないけど、Adventurous（冒険的な）のほうを選ぶなら、No Adventure No Life！みたいに自分がAdventureを経験して多くを得た話を論点絞って話せばいいし、Cautious（用心深い）を選ぶなら、「自分、怖がりなので基本、慎重に生きてます」とか言い切ってかまわない。「マックとモス、どっち派？」って聞かれてるのと同じくらいのものだと認識して肩の力を抜こう。

ゆっこ

たしかに、**これは瞬発力のテストですね**。メモに論点を2、3個キーワードだけ書いておけば、パニックにならずにポイントをカバーできそうだし。

寧々

あと、これはこのセクション以外でも言えることだが、

スピーキングは自信満々に言うことと、黙らないことが大事だ。形式と英語が合っていれば、極論ロジック自体は破綻しててもかまわないらしいから、「わー、おかしいこと言ってる」とか気にしないでいこう。

寧々

ライティングはまた、書き言葉だから細かいところはスピーキングと違うけど、これもまたSTEP1－4を読むことに応用しておけば、あとは練習するだけだな。

ゆっこ

瞬発力のところは同じですもんね。ロジック破綻やスペルミスをあまり起こさずにすることも必要だけど。

寧々

はい。まったくそのとおりなので、以上！　説明終わり!!

とにかく「リスニング」は先にやれ!

ゆっこ

リーディングはどうします？

寧々

語彙や内容が難しくなったリスニングのレクチャーだと思えばいいだけ。母語の国語力を要求されるだけだから、読解力って言語を越えて共通してるよなあ、って思うわ。

ゆっこ

確かに、それもそうですね！

寧々

ただ、普段から真面目っぽい内容の本を「読む」ことには、挑戦しておいたほうがいい。先にもっと難しいSATに挑戦していたからというのもあるが、私がTOEFLでリーディング満点を叩き出すころには、スキミングとかそういう意味不明なスキルをまったく使わず、「ふつうに頭から読んで理解する」をやって時間が余ったくらいだった。なのに、デューク大に入学後、社会学の本を読まされて大変苦労したので、これくらいは頭から読めるようになって当然だぜ、とかちょっとマッチョなこと言ってみる。

TOEFLはあくまで「内容が大学っぽい」だけで「大学レベルそのもの」じゃないですもんね。

そゆこと。日本でも翻訳されているようなビジネス書、たとえばダニエル・ピンクとかのものは読みやすいし、そこそこ楽しい。TEDトークのスピーカーはたいてい本を書いているので、オモシロイと思ったスピーカーの著作を読んでみるのもネイティブ・マインドっぽいだろ。

それはたしかにネイティブ・マインドっぽい！

けど、リスニングを先にやれといつも言っているのは、**「単語の発音を勘違いしたまんまにすると、聞き取れないし発語したとき恥ずかしい」**からだな。私もたまに恥ずかしいことあったぞ。**Strategicをそのまんま、「すとらてじっく」って読んだり**（無理やりカタカナにすると、「スタティージック」が正しい）。

あ！　英単語のあるあるトラップだ！　発音が論理的でも見たまんまでもないから、たまに恥ずかしいやつ。

そゆこと。まあ、だいたい TOEFL の具体的攻略法はこんなもんかな。他にもいろいろ言いたいことはあるけれど、それだけでもう1冊書けちゃうので。ゆっこ、付き合ってくれてありがとな。

こっちこそ楽しかったです！！！　わー。なんか、燃えてきたので、今度こそ110くらい取っちゃいます。

がんばれ！　そして読者の皆様も、TOEFL の見た目に惑わされずにネイティブ・マインドで楽しくクリアしちゃってください！

STEP 5　寧々おすすめの「無料！教材リスト」

English Test Net

▶ http://www.english-test.net/toefl/

５年前から内容は変わらないものの、それなりにエグい内容の TOEFL リスニング、リーディング問題が 100 問ずつほど用意されている。ここはまず、ふつうにクリアしてから、有料のものに手を出そう。また、公式テストはときどき試験傾向を変えるので、過去問だと思ってこれを問いてはダメだ。だが、このリスニングの内容がふつうに「楽しいじゃん、この内容！」と思えるようになるまでは、試験料を支払うのもダメだ。

Youtubeに大量にある無料教材

▶ Youtube.com

Youtube に行き、TOEFL practice test と検索するだけで、無料練習問題が大量に出てくるうえ、プライベートレッスンの宣伝として無料で試験に勝つ方法を教えている講師の動画もたくさん出てくるよ。

Loyal Books

Loyalbooks.com

著作権切れの世界名作文学が無料で読み放題、かつ聴き放題な「神サイト」。日本で英米文学として100年くらい前から翻訳されていて今も読まれている文学作品、『小公女』『あしながおじさん』『赤毛のアン』『シャーロック・ホームズ』『エルマーとりゅう』『ドリトル先生』あたりは、みんなほぼ著作権切れなので、もちろん読み放題である。かなりうまい声優さんが読んでくれているMp3ファイルもある。子どものときに読んだ作品など、原語で読むと全然印象が違ったりすることもあって、TOEFLの息抜きにはなかなかおススメである。あ、『トム・ソーヤーの冒険』『ハックルベリー・フィンの冒険』は、信じられないほどわざと文法間違いだらけ（当時のなまりらしい）なので、気をつけよう。

ETS公式教材

https://www.ets.org/toefl/ibt/prepare/quick_prep/

やっぱり公式教材ですね、ということで、ETSも無料サンプル教材を大量に放出している。公式Youtubeチャンネルもあるので、採点基準などはそこを信じるようにしよう。アプリなどもあるので入れてみるといいだろう。本番の試験の雰囲気になれるためにも、やはり画面のボタン配置や、声優さんの声質など、ここで慣れておくにこしたことはない。

MAKE A REAL IMPACT WITH A STORY

世界をどう変えたいかって話をしよう

1 「ふつうの子」なんていない。みんな「それぞれ」だ！

ボストンで、シリコンバレーで、ブリスベンで、**日本の「元・ふつうの子たち」が世界へ発したメッセージ**は、こういうものだった。

日本の部活指導を科学的にするアプリをつくりたい！

おばあちゃんが、ゴキブリ退治で腰を痛めることがないような、虫よけ装置をつくりたい！

定期試験対策を、チームスポーツ化して、勉強の孤独感から解放されるシステムをつくりたい！

ストレスが溜まっても誰にも相談できない中高生のために、メンタルヘルスのアプリをつくりたい！

自分のようなオタクが、同年代の他校生と楽しく集える場をつくりたい！

朝起きるのがしんどいから、寝つきをよくしてくれるうえに、気持ちよく起こしてくれるアイマスクをつくりたい！

私の会社「タクトピア」を通して過去４年間、ボストンやシリコンバレー、ブリスベンの投資家の前で、15歳かそこらの純ジャパ高校生が発表したアイデアのほんの一部である。

もちろん発表はすべて英語だ。

しかも、たった10日かそこらの英語とアントレプレナーシップ体験プログラムを経ただけで。

冒頭でも述べたが、年齢が若いからといって、決してフィードバックは容赦しない投資家たち（そもそもシリコンバレーでは10代の起業家はめずらしくない）が、「我々にアイデアを持ち込んでくる大人の起業家志望の大半より面白い」と絶賛したり、「プロトタイプ（試作品）ができたら投資してもいい」と評価することも、よくある。

彼らの中には、都会の子も、進学校の子も、そうでない子も、地方の子も、私立の子も、公立の子もいる。

共通しているのは、ほぼ全員がそれまで
ほとんど海外経験のない「純ジャパ」であること。

そして、「××高校の××ちゃん」でもなく「○○組の○○君」でもなく「△△部の△△さん」でもなく、規模や思いは違えど、「自分の強烈な感情から出発する問題を見つけ、理解し、解決しようと本当の努力を重ね、どんなに拙くても解決策を見つけて、少しでも世界を変えたいと行動する個人」として、グローバルリーダーのデビューを果たした、ってことである。

「海外に少し興味のある、ふつうの子たちが、起業体験を通して、海外で働いたり英語を学ぶモチベーションを高めたりするのね」と言われることがあるが、**ちょっと違う。**

1万5000人の「ふつう」からの卒業

私は、本当に過去4年で、会社としては1万5000人、個人でも何千人もの15歳たちに接して、気づいたことがある。

日本の多くの子どもたちが「自分はふつうの子」だと思っている反面、本当の意味で「ふつうの子」なんか、ひとりもいない。

感情や人生体験や、問題意識において、どの子にも自分だけのストーリーがある。それを軸に子どもたちは、自分は誰で、世界とどうやってかかわっていくのかを、先程のプレゼンテーションにのせる。

そこに「ふつう」は、概念としても存在しない。「ふつう」は日本人どうししかいない、日本でしか通用しないからだ。

そして、「ふつうからの卒業」は、そのときの英語力に関係なく、グローバルリーダーの扉を開ける近道だと思っている。

What's your story?
君の物語は、なに?

これは、MBAに入ったばかりのとき、自己紹介しあったあとに、目をキラキラさせたクラスメイトたちがしてくる質問だ。

「自分は何者で、どんなにユニークな理由で、どんな問題を解決したくて、世界をどう変えたいか」

若いグローバルリーダーの卵どうしが集まって、お互いに聴くのは、まずそこなのだ。ここにも「ふつう」は存在しない。

自分の価値観や信念の軸を持つが、異なるバックグラウンドや力を持つ人間どうしが共感し共創することでしか、世界規模に山積する問題は解決されない。人種や宗教や国籍が違っても、まさに教育のように、抱える問題はどこか似ている。

私はMBA中も卒業後も、国際カンファレンスなど、たくさんの場に出席してきたが、その座に日本人がいたためしは、一度もない。

若いリーダーたちがそういう場でお互いの話から新しい視点を得て、コラボレーションが生まれ、プロジェクトが生まれ、ひとつの国や地域や村の未来が変わる、みたいなことは、本当にたくさんある。

能力や意識の高低にかかわらず、日本の子どもたちが英語ができないことの何が問題かというと、「英語を使う仕事に就けない」と言われがちだが、そういうことではない。

ユニークな文化や技術を持つ日本でしか得られない知見を、上述のグローバルレベルにしか解決されない問題の議論の場に持ち込んで、共創するテーブルに参加するチャンスがないことだ。

世界にとっても日本にとっても、Lose-Loseである。

ネイティブ・マインドで学べば、そのときの英語力や成績は関係なく、「英語が得意、好き」になることは保証できる。

しかし、TOEFL高得点や海外進学などの飛躍的な成果を短時間で出して「人生が変わった」と言ってくる子たちは、例外なく、さまざまなタイプの葛藤や語れる原体験や、ユニークなストーリー、つまり個性的な自分軸を持っていた。

困難を乗り越えた話や、世界に触れて価値観が変わった話など、**そのストーリーには、必ず原体験が伴っていた。**

冒頭の、投資家の前で英語で自分軸の物語を語った子どもたちは、間違いなく全員が、グローバルリーダーとして自分がストーリーを語れる原体験を手に入れたことになる。

たった2週間で、それを可能にしてしまうのが、アントレプレナー教育である。

「第四次産業革命後に活躍する人材を育てたいなら、アントレプレナー教育を国のカリキュラムで必修にするべきだ」

2018年の世界経済フォーラムで、ILO（国際労働機関）の企業部門ディレクターであるビューレン氏が力強く述べた。

申し訳ないことに、アントレプレナーというのは、なじみがないうえに、長いカタカナ語だ。出回っている日本語訳のまんまでは、起業家精神とか、起業することになってしまうが、ちょっと違う。

アントレプレナーであることと「会社を立ち上げたり、開業したりすること」はイコールではない。

むしろ、「未来をつくる人間」をつくりだすために、世界的教育乱世のカギとみなされている概念だ。

地方の公立校から難関進学校まで「導入」

そうやって、まずはアントレプレナー教育を受けて原体験を手に入れ、自分のストーリーを手に入れ、下の図の世界経済フォーラムが発表した2020年に活躍するために必要なのに学校では教わらないスキル全部を1、2週間でフル活用した日本の中高生や大学生たちの変化はすさまじかった。

世界経済フォーラムが発表したビジネススキルトップ10（2015年と2020年の比較）

	2015年	2020年
1	複雑な問題解決力	複雑な問題解決力
2	他者との調整力	クリティカル・シンキング
3	人材管理	創造力
4	クリティカル・シンキング	人材管理
5	交渉力	他者との調整力
6	品質管理	情緒的知性
7	サービス精神	決断力
8	決断力	サービス精神
9	聴く力	交渉力
10	創造力	思考の柔軟性

出典:世界経済フォーラム『職の未来に関する報告』

1、2年のうちに、地方公立高校からその学校史上初となる、海外有名大学の進学者が複数出現したのだ。

『なぜ「偏差値50の公立高校」が世界のトップ大学から注目されるようになったのか!?』で有名な大阪府立箕面高校や、熱意ある先生方と協力して一緒に海外進学コースをつくった新潟県立国際情報高校はメディアにも取り上げられた。

これらの学校は「定員割れ」という時代もあった、偏差値はけっして高くない、地方の公立校だ。

だから私たちの研修は、一部のハイスペックな子たちに限られたものでは断じてない。教え方ひとつで彼らは確実に変わったのだから。

さらにこの公立の2校からは、ユニクロの柳井正会長が私財を投じた返済不要の奨学金を受ける生徒も現れた。ちなみにこの奨学金の第1期生約20名のうち、私たちの研修を受けた高校生は3名もいる。

神奈川の聖光学院という東大合格者数全国トップクラスの中高一貫の進学校でも、シリコンバレー研修などをサポートしている。**東大が最高峰のゴールであった多くの生徒にとって、アメリカ名門大学への進学**という選択肢があることを知る格好の機会となっている。実際に、2018年にはイエール大、プリンストン大など、海外トップ大学への合格者数も増加しており、東大と両方合格した生徒もいる。

偏差値50の大阪府立箕面高校が起こした「ミラクル」

大阪府立箕面高校は、地域４番手とされる公立高校だった。

私たちの海外研修を導入する以前、前任の日野田直彦校長が着任した2014年当時の**偏差値は50**（河合塾の模試）。

だが、**そのたった3年後には海外の30大学に累計36人が合格**した。全米ランキング9位のウェズリアン大学、世界ランキング33位のメルボルン大学といった名門大学も含まれている。

また、実際には進学しなかったものの、世界のエリートが今一番入りたい大学と言われ、**もっとも入るのが難しいミネルバ大学に合格した生徒もいる。**

日野田校長の「体験や楽しさ重視の語学留学は不要」という信念のもとで始めたボストンでの"アントレプレナーシップ"研修。

最初は保護者に魅力が十分に伝わらず、定員40名の７割ほどしか集まらなかった。生徒の英語力は英検準２級というのがいいほうで、なかには３級（中学卒業程度）を持っていない子もいた。

英語がわからなすぎてしょっちゅう泣いていたし、頭がパンクするといってヘロヘロに疲れ切っている子もいた。もちろん私たちも英語面で随分とサポートした。

「日本語が混じってもいいからね、パッション（情熱）が伝わればいいんだよ」

このメッセージを伝え続けた。そう、ネイティブ・マインドでやった、ルー英語でOKだ、と。

とにかく2週間、彼らは挑戦し続けた。

毎朝、その日の講演者の前で、昨日学んだことを数十秒の短い英語で説明する「エレベーター・ピッチ」を全員がやった。

ネイティブ・マインドのフレーズボックスのように構文を決めておいて、そこに自分で当てはめてプレゼンをつくる。

浴びるようにレクチャーを聴き、こうして毎日プレゼンしたり、資料をまとめるなど、たくさんのアウトプットをしていたら、**２週間後には、言われていることの半分くらいの英語が理解できるようになった**という生徒が多かった。

MITのオーレット教授をはじめ、起業家や投資家も、臆せずに積極的に質問してくる生徒たちを見て、日本人の印象が、いい意味で変わったと言っている。

英語だけではない。

チームでのワークショップでは意見のぶつかり合いもあり、エネルギーを消耗する。でもそこで自分たちでどうにか立て直そうと眠い目をこすりながら奮闘したし、起業家たちの、

「俺たちは頭がいいんじゃない。世界で一番しつこいんだ。
何回ぶっ倒れても最後まで諦めないでやるんだ」

という言葉にモチベーションを刺激されていた。

日野田前校長いわく「生徒たちは、みんな人が変わったようにアグレッシブな顔で、目をキラキラさせてボストンから帰ってきた」と当時を振り返る。「学校の勉強で、みんなここまで集中できるでしょうか。誰かにやれといわれてやっているわけではありません。自分からやりたいというのです」

ボストン留学での刺激によって、慶應大学のビジネスコンテストに入賞したり、インターンを体験したり、実際に事業を立ち上げた生徒も現れた。

その中で、オーストラリアの大学に進学したある生徒は、ボストンでの研修を通じて「起業に対するハードルは高くはなく、実現へのスピード感が全然違った」「失敗を気にせずにどんどん突っ走ってよいということを肌で感じた」と言っている。

高校生起業家の道を歩み始める子も、1年や半年の留学に旅立つ子もいる。自分の力で部活を立ち上げたり、生徒会長に立候補したり、国際組織でインターンシップをはじめたり、活躍の仕方はさまざまだ。

だが、みんなに共通しているのは、

彼らが自分軸を見つけ、自ら未来を切り開き、英語も受験目的ではなく「いつか自分のストーリーを英語圏で語り仲間を見つけるためという強烈な目的意識をもって」勉強をはじめたり、社会とつながったりする

という点である。

「内向き」なんか、1、2週間でなかったことになるのである。

タクトピアのアントレプレナープログラムは私のMITやハーバード大学、スタンフォード大学、シリコンバレーやボストンの起業家ネットワークを駆使してMITのMBAで学んだ経験を高校生用に「手抜きなく」濃縮してあるので、本書でその内容をすべて伝えきることは難しい。

ただ、本書のネイティブ・マインドSTEP1から5をやってみて、読んでみて、「なるほど楽しいし英語はうまくなるけど、自分の将来はどうしようかな」と思った中高生、「うちの子はここまでやる気を持って続けられるかな」と心配な親御さん、英語は教えられるけれど、英語ノイズがかしましい日本社会において、「どうして学ぶか」を伝えることに苦悩している教育者のみなさんは、ぜひこの章で説明する、ストーリー重視のアントレプレナーワークを試してみてほしい。

すべての偉大なアントレプレナーは、「感情」（しかもネガティブなやつであることが大半）から始まる。

では、どうやるのか、って話だよね。

「大人を信じるな。己を知れ」は、ハラリ（『サピエンス全史』『ホモ・デウス』の作者）が21世紀を生きるすべての若者に贈る言葉だ。これは難しい。

大人に対して「お前なんか信じないぞー！」と叫んでみても、
特にいいアイデアが浮かぶわけではない。
自分に対して「お前は誰だ」と聞いても悩むだけだ。
実行可能なアドバイスとして私のお気に入りの言葉は、週刊少年ジャンプ連載の超人気漫画『HUNTER×HUNTER』の主人公ゴンが言っている。

「その人を知りたければ、その人が何に対して怒りを感じるかを知れ」

怒りというのは、アントレプレナーとしてもグローバルリーダーとしても大事な言葉だ。

「すべての偉大な発明は、ものすごいフラストレーションから始まる」というのは、聞いたことがある人がいるかもしれない。

有名な話だと、SONYウォークマンの発明者は飛行機出張中にオペラが聴きたいフラストレーションで持ち運び可能な音楽プレーヤー（その前までは録音機能のついてる大きなラジカセ）を発案したり、フェイスブック創業者のザッカーバーグ氏が最初にフェイスブックをつくった理由は「モテたいから」というものだったり。

「好き」の度合いは測るのが難しいこともあるが、「怒り」はわりとすぐ観測できる。

ホモ・サピエンスは、基本1万年前の状態から大して進化していない。1万年前というと、厳しい自然と文明発生前の殺し合いビレッジライフがあたりまえ。

メンタルヘルスなどよりも生存そのものが優先される時代であるので、怒りやフラストレーションなど、「ネガティブな感情」に敏感になるようにできているし、忘れにくい。

それは、どんなに若い人間でも、何かしらある。

次ページのようなフレームワークを埋めてみよう。

これはいくつでも書いていいし、できるだけ多く、思いついたものをすべて書けばいい、というやつだ。ただ、指示を加えるならできるだけ具体的に、ということだけかな。

LOVE

あなたが好きで好きでしょうがないものは?
夢中になってずっとやれることは?
あるいは、ちょーっと好きなものやことは?

I LOVE …

HATE

あなたが嫌いで嫌いでこの世からなくしたいものは?
嫌でたまらない瞬間は?イラッとする瞬間は?

I HATE…

日本人のティーンにこのワークシートを出すと、ほぼ7割の確率でLOVEのところに「寝ること」、ほぼ9割の確率でHATEのところに「つまらない授業」「宿題」が入る。

が、ここは自分のユニークな感情を探るためのステップなので、「例えば、どんな授業がつまらないの？　どうつまらないの？　どういうシチュエーションで？」と具体的に起きた出来事をストーリーっぽく語れるように促す。

5分もこの作業をすれば、LOVEでもHATEでも、「自分が強

WISH

上で書いたLOVE AND HATEの中でもっとも心に強い感情をおぼえた1つか2つを選んで、「こうだったらいいのに」と妄想してみて。

I WISH…

CHANGE

WISHで望んだことが実現するために、変えなきゃいけない現状をできるだけ多くリストしてみて。「変えられそうか?」は忘れて。

TO MAKE MY WISH COME TRUE, I NEED TO CHANGE…

い感情を抱くのはこれ」と直感でわかる。

そのうえで、さらに右側にとりかかる。

LOVEやHATEで引き出した生の感情を、WISH（こうであればいいのに）とポジティブな理想に転換し、そのための具体的なCHANGE（変化）までを言語化すれば、とりあえずの軸は決まる。

STEP1＋2で引き出したストーリーとその先の教訓や促す行動を、もう一歩具体的にクレッシェンドさせたものだと考えればわかりやすいかもしれない。

この後、子どもたちは「自分の解決したい問題はこれだ！」「自分は世界をこういうふうにしていきたい！」とまさにアントレプレナーとして思いを実現することを始めるわけなのだが、具体的に私がやっているようなアントレプレナーの手法をここで全部解説するにはページ数がとても足りないので、ここは超簡単に「思いを表明すること」までをカバーしようと思う。

家でひとりでもできる、グローバルアントレプレナー入門

アントレプレナーであるためには、マーク・ザッカーバーグやスティーブ・ジョブズのように「変わり者」「天才」「金儲け上

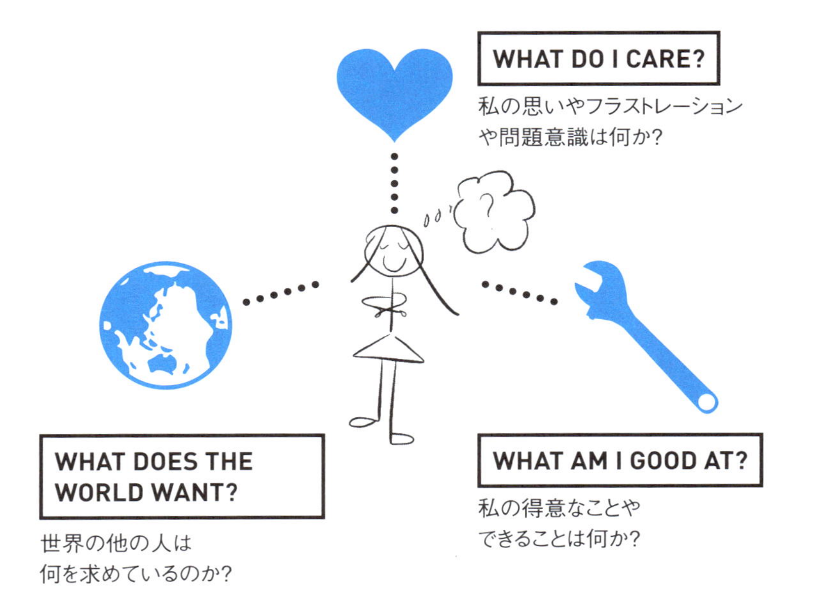

手」である必要はなく、むしろ「熱い思い（Passion）」そして、時にドス黒いフラストレーションをもとに「世界を（ちょっと）変えるぞ！」と思うことが第一歩だということは、これでわかったと思う。

具体的には、以下の３点がつながるポイントで考えればいい。

自分の思いについては前のセクションでさんざんやったので、ここでは、

What does the world want？
What am I good at?

について、子ども向けにも大変わかりやすい例を参考にしながら見ていこう。

ケース:ReThink
ネットいじめに心を痛めた13歳の少女が開発したアプリ

日本でも一部では有名なので、知っている人も多いかもしれないのが、13歳のときにネットいじめ防止アプリをつくったトリーシャ・プラブの話だ。

彼女の話は、本当に何歳だろうがお金がなかろうが、「思いと行動と少しばかりのスキル」がありさえすれば、小さなところから世界が変えられることを物語っている。

彼女がつくった「ReThink」というスタートアップを例に、説明してみよう。

WHAT DO I CARE?　私の問題意識は何?

トリーシャは、13歳のときにニュースで、ネットいじめを苦に自殺した少女の話を聞き、「こんなことがあってはいけないから自分も行動を起こそう」と、何か動くことを決めた。

また、「同じティーンだからこそできることがあるはずだ」という思いもあった。

WHAT DOES THE WORLD WANT?　世界の人たちは何を求めている?

いじめを苦にして子どもが自殺したり、学校に行けなくなったりするのは、アメリカでも問題になっている。特に、SNSへの中傷的書き込みは、大した労力をかけずに人が傷つけられるので、ものすごく深刻だ。

しかも、物理的ないじめとは違い、大人が目撃するのは難しいので、対策に手をこまねいている状態だった。しかも、いじめが発生してからの対策が多く、事前防止という考えは薄かった。

また、トリーシャは同じ年齢の子どもたちが「どうしてネットでそこまで過激な中傷が書けるのか」ということに疑問を持ち、脳科学をリサーチした結果、10代の子どもの脳は未発達であり、例えば「よく考えずに他人が傷つくことを書き込んでしまう」ことをしがちであることを知った。

WHAT AM I GOOD AT?　私ができることは何か?

トリーシャは、10歳の頃からプログラミングに親しんでおり、

13歳の頃にはすでに2つのプログラミング言語を習得していた。また、いじめの当事者と「同じティーンである」ことから、ティーンがSNSをどう利用するかもよく知っていた。

そして、「SNS上で起きてしまう心無い中傷」を未然に防ぐアプリを開発したのだ。

MY IDEA

ReThinkというアプリはとても単純だ。

インストールすれば、ティーンがSNSで中傷にあたる書き込みを書いて「送信」ボタンを押すと、特定の中傷ワードに反応し、

「ちょっと待って。そういう言い方をすると、相手が傷つくかもしれないよ？　それでも送信する？　Yes or No」

というポップアップを出すというだけのものだ。

もちろん、それでもYesを押せば、中傷はできてしまう。

けれど、トリーシャがそのアプリをテストしたら、93%のティーンが、ポップアップに反応して中傷コメントを引っこめる、という結果になったのである。

「脳が未発達なために後先考えない中傷をしてしまう仮説」は検証されたのだ。ReThinkのアプリはGoogleやMITなど多くの機関から賞という賞を授与され、投資を集め、今もいじめ防止に積極的に利用されている。

2019年現在、CEOであるトリーシャはまだ18歳だ。

すごい技術も、すごい発想もいらない。

とりあえず、この時点では発信できればいい。

このケースのすごいところは、大人や専門家が気づいていなかった「すぐそこにある事実」を、ティーンが大して難しくない行動で発見したこと、だ。

似たようなケースはよくある。私も含め子どものうちは、「世界は完成されていて、頭のいい大人がいろいろな問題を解決してくれている」と思い込んでいたが、実はたくさんのお金や知恵がある大人も、いろんな都合や組織、そして思いこみに縛られていて「すごく簡単な解決方法がある問題」を見過ごすことが本当によくある。ティーンだけではなく、私のアントレプレナー仲間たちも、そうなのだ。

すごいテクノロジーや技術や天才的頭脳は、この際、世界を変えるための必須事項ではない。

だから、遠慮せずに、自分が思いを持っている問題があって、それを解決するために少し時間を使って行動してみるだけで、「世界で他に誰も知らない事実」にばったり気づくかもしれないのだ。

Passion
×
少しばかりの行動
だけで今すぐできるシリコンバレー仕様のピッチフォーマット

この章の冒頭で、ボストンやシリコンバレーの子どもたちが世

界へ発信していた

自分のアイデアのプレゼンテーションのことを「ピッチ（Pitch）」という。

スタートアップ界隈では、投資を得たり、仲間を集めたりするためにするとても短いプレゼンテーションのことを、総合してPitchするというのだが、シリコンバレーでもみんなが了解しているのは、「すばらしいPitchがあるからといって商品があったり、投資を集めていたりするとは限らない」ということだ。

バブルが激しかった頃には「すごいPitchだね」というだけで数億の投資が飛び交うこともあった。それは別にいいことだとは限らないのだが、ここで重要なのは、「経験も技術もない子どもでも、Passionと少しばかりの行動を英語で表現する力があればスタートアップ界で認められるPitchができる」ということだ。

短い時間で人を説得するためのスキルが凝縮されている。
Pitch は Pitch でも、エレベーターピッチという、

「もしビル・ゲイツばりの人間と同じエレベーターに居合わせた場合に備えて、1分かそこらで自分のスタートアップアイデアのすばらしさを自信満々に伝える」

という鬼のように難しそうだが、実はそうでもないバージョンがある。さっそく、ReThinkを例に説明してみよう。

NEED（需要）

自分のアイデアを、世界が必要としている客観的事実（数字など）

例 SNS の普及に伴い、サイバーいじめは数と量ともに激しくなっています。2016年の調査によると、ティーンの34％が SNS 上のイジメ被害にあったという報告さえあります。対策もたくさんありますが、対症療法が多く、防止策はありません。

EMPATHY（共感）

自分のアイデアを、世界が必要としている事実を示すストーリーなど

例 数年前、たった11歳の女の子がサイバーいじめを苦にして自殺しました。自分と同じくらいの年齢の子どもがこんな目にあっている事実は、私にとって決して他人事ではありませんでした。

CREDIBLE SOLUTION（信頼できる解決策）

例 そもそもティーンはなぜ過激な中傷を SNS に書き込んでしまうのか？という問題に焦点を当ててみたところ、「ティーンは、自分をコントロールする部分の脳が未発達で、よく考えずに衝動にまかせて書き込んでしまう」が、「よく考えてね」というポップアップひとつで93％が書き込みをやめることがわかりました。

MY APPROACH（我々のアプローチ）

例 私のアプリは、単純なフィルターとポップアップ機能で、傷

つくサイバーいじめを未然に防ぎます。ティーンの携帯にインストールされれば、書き込まれようとしている中傷ワードにアルゴリズムが反応し、「本当にこれをポストするの？」というポップアップが出てきます。

HIGHLIGHT（実績）

例 私のアプリは、Google や MIT をはじめ数々の受賞暦があり、学校や自治体で採用されています。また、TED トークを通して世界の学校や政府にも注目され始めました。

BRIGHT FUTURE（つくりたい未来像）

例 SNS は、本来、分断されている人々がよりよくつながるために作られました。私たちと一緒に、いじめのない幸せな世界をつくっていきませんか？

NEED（需要）
EMPATHY（共感）
CREDIBLE SOLUTION（信頼できる解決策）
MY APPROACH（我々のアプローチ）
HIGHLIGHT（実績）
BRIGHT FUTURE（つくりたい未来像）

ほーら、簡単でしょ。

実際、ボストンやシリコンバレーで、アメリカ人投資家たちを前に発表した子たちは、もちろんアイデアだけではなく、MITのアントレプレナー育成メソッドにのっとり、街頭インタビューもプロトタイプ（試作品）もプレゼンテーションも作成してあるが、始まりはこれだけでいいのだ。

このピッチ手法を使って、学校の管理職に今まで許されてなかった機材を買う許可を得たり、親に留学の許可をもらったり、部活を新しく立ち上げるときの仲間を集めたり……。

自分のまわりの世界をちょこっと変えることを実践し始めた子どもたちは、本当にたくさんいる。

英語で活躍する未来の自分を思い描くなら、ぜひこの一歩を踏み出してほしい。

おわりに

私が今ここでこの本を書いている、直接的なインスピレーションの原点は、私を育ててくれた祖母にある。

祖母は、1930年代に、没落してしまったけれど、無駄に保守的な満州貴族の家に生まれ、10代のときに、望まない結婚を強いられそうになって、「こんなのやってられない」と家を飛び出した。

その先で政治運動に加わり、自力で学問を身につけた祖母の最終キャリアは、大学の心理学教授だった。引退した後は、留学先の日本でキャリアを築き始めた両親の代わりに、幼い私を6歳まで育ててくれた。

祖母が、自分の生い立ちの話をするときに、いつも込めてきたメッセージは、こうだ。

「自分の運命を握り、未来をつくるには、広い世界に触れて学びなさい。嫌なことに嫌だと言うためには、学ぶしかないよ」

そのメッセージは、そのままわが家の伝統だった。6歳で日本に渡った私が日本の公立小学校の意味のないルールなどになじめなかったときは中学受験塾に入れられ、初めて勉強が楽しくなって超リベラルなフェリス女学院へ進学した。

フェリスはとても楽しかったので、17歳で「東大に行く」と言った私を両親は「日本社会でやっていける性格じゃない」と一蹴した。
その後、私は「独学でアメリカに行きなさい」と無茶ぶりをされた挙げ句、なんとかかんとかデューク大学へ進学した。

卒業して大手コンサルティング会社であるKPMGにアメリカで就職するまで、正直、まったくアメリカの大学のありがたみなんてわからなかった（だってアメリカの大学は田舎だし、不便だし、食べ物がまずい）。

フェリス時代、私は一番優秀でも一番行動的でもなかった。

けれど、そのときキラキラ輝いていたように見えた同級生たちが、いざ就職、というときに彼女たち本来の面白さや輝きではなく、「十把一絡げに採用された新卒」あるいは「いつか子どもを産んで辞めるであろうポジションの女」として評価され、枠にはめられ、硬直した制度や価値観と自分自身に対する呪縛のなかで、かなり不自由な状態を飲まされていたのだ。

私は信じられなかった。

自分の感覚ならもっと待遇のいい、香港やアメリカやシンガポールなどの職場に行き、女性を理由に偏見にさらされたら人事部に一報入れれば解決できる環境を選ぶのに。
でも、彼女たちは言ったのだ。

「英語ができないから無理」だと。

私がMITのMBA在学中に最初に始めた起業アイデア「ネイティブ・マインド」は、日本社会のキャリア上の抑圧や呪縛から逃れるための武器としての英語事業だった。

英語さえできたら、日本の優秀な若者たち（そして５歳から100歳のすべての人）は、世界で戦える武器と、自分で活躍するのに有利になるための情報アクセスと、日本に何があっても生き残れるツールを手に入れ、閉塞感とも不幸な就職とも低いガラスの天井とも縁を切れる！　という仮説のもと、それは始まった。

先にも書いたが、MITの社会起業系ファンドから「日本の英語教育の不備は若者を不幸にしているから社会問題だ」とピッチして得た補助資金の5000ドルを握りしめ、私は約10年ぶりに「仕事で」日本に帰国。「ネイティブ・マインド」は、そうして始まった。

とりあえず高校生向けに、英語圏への渡航歴がなくても、高い塾代が払えなくても、独学で機能的な英語を取得できる「学び方を学ぶ方法」を授けよう！　と教育をやったこともない私が、イチから教材開発し、子どもの前に立つなんて向いてないと思っていたのに、やってみたら楽しくて楽しくてクセになってしまい、そのまんま教育起業家になってしまった。

仲良くなった教え子たちに、悩みを打ち明けられることも増えた。アメリカの大学へ進学したいと言っていた高２女子は、ある日私にこう言った。
「私、今までネイティブ・マインドのように考えてもいいんだって知らなかった。

自分のこと、変わっているとか、浮いていると思っていて、それがコンプレックスだったけど、この場でいろんな人や勉強の方法に出会って、はじめて自分はこれでいいんだって思えたんです」

それを聞きながら、私の中でひとつのことが腹落ちした。

私が教えたいのは、英語そのものでも、世界で戦う武器でも、グローバル社会で生き残るツールでもない。そういう要素はもちろんあるけど、これからの世代、特に日本の子どもたちに必要なのは、そのずっと前の段階の、「自分はこれでいい」と思える説得力ある言葉だった。

今まで自分があたりまえに持っていたものは、全然あたりまえではなかった、ということにも、気づいてしまった。

私の今までの生き方や選択は、祖母が「15歳くらいで望まぬ結婚を受け入れ、嫁ぎ先で男子を産んで死ぬまで働くのが女の幸せ」という過去何千年もあった価値観に抗ったことで手に入れた「自由資本」があったからこそ、迷いもなくできたものだったのだ。

その祖母がくれた財産は「まわりがなんて言おうが、あなたは間違ってない。世界を広げればきっとそのままで居場所はある」という意識だった。

その考えを実践し、継承した両親も、私が外でどれだけ問題を起こそうが、「君は間違っていないから何も変わらなくていい」と応援し続けてくれた。

「自分はダメな人間だ」と思っている日本人の若者の割合は、92.5% にものぼる。
その割合は、先進国最大規模だ。

世界で戦う方法を教えよう、なんて言ったところで人が動かないわけである。そもそもの話、

「君は美しい、君はすばらしい、
君は間違ってない」と言ってくれる人がいなくて、
どうやって戦えというのだろう。

良くも悪くも、理不尽な世界と理不尽な運命に対して、まず立ち上がるためには、誰か肯定してくれる人がいないといけない。「世界は自分の知ってる範囲で終わっていない」確信がないと、人は前に進めない。

中国生まれの日本育ちである私の子ども時代も、そんなことだらけだった。

小学校のころは、最悪だった。

郷に入っては郷に従え、という先生たちや、心ないコトバを黙認する大人たち。私の生まれを聞いて、表情を変える人たち。「なんか違う」と思った小学生時代、私の逃げ場はとりあえず本だった。

教育書のコーナーに忍び込んで、そこらへんのものを読み漁って、この教育は間違ってる！　なんて思いながら受験勉強し、フ

ェリスに入って、はじめてできた友達に、「バイリンガルなんてかっこいい！」と屈託なく言われて、はじめて自分は本当に間違ってなかったと思えたのだ。

世界を少し広げるだけで、
まわりが敵だらけじゃなくなる。

世界規模で、自分がありのままで間違っていないことを証明する方法。かつての私の逃げ場は「本」だったけど、英語があれば世界中の人とリアルタイムで自分の価値を確認し合える。

例えば、昨今のLGBTの権利運動が、そのいい例である。

日本の当事者の友人に聞いた話だが、性的少数者があたりまえに登場し、差別されないコンテンツが日本にまったくなかった時代、英語のYoutubeなどを貪るように見て、英語力がとても上がる、というのは日本の「LGBTあるある」なのだそうだ。

抑圧は外から人にされるもの。

例えば「お前はダメな人間だ」と言われ続けることだ。

一方で呪縛は、その言葉を自分の中のあたりまえにしてしまうこと。自分はきっとダメな人間なのだから、幸せを追求してはいけない、と思うことだ。

残念ながら、抑圧は他人の力で取り除けても、呪縛に対しては自分の中の言葉や行動をもってしか打ち勝つことはできない。

まずは、自分を自由にする言葉を手に入れる。
それがネイティブ・マインドの本当の意味なのだ。

偏差値も学力も関係ない。エリートもリーダーもアーティストも関係ない。海外進学だって、選択肢のひとつでしかない。

日本のすべての若者が、モヤモヤの答えを見つけ、自分は間違っていないと胸を張って世界に足跡を残す。

私が、日本や世界の教育に対して出した答えは、そういう若者たちが未来をつくっていく姿なのだ。

#未来に備える最良の方法は、未来のつくり手になること。

#子どもに将来なりたい職業ではなく、解決したい問題とその理由を聞こう。

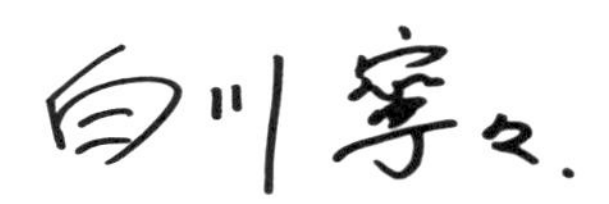

謝辞

まったく一筋縄じゃいかない私が、この本を世に送り出すことに尽力してくれた、すべての人にかぎりなき感謝を込めて。

私を見出して複数出版社に掛け合ってくれたライターの加藤紀子さん、書けない私を励まし続けてくれた編集の藤沢陽子さん。カバーデザインのtobufune小口さん、山之口さん、本文デザインのトモエキコウ荒井さん。ネイティブ・マインドに深く共感し、強く推してくれたAPU出口学長、デジタルハリウッドの杉山学長。ネイティブ脳みそを信じて世に出してくれたタクトピア共同創業者の長井悠、執筆の深夜テンションに付き合ってくれた副官大島恵子。タクトピア創業前から私を信じて生徒たちを任せてくれたたくさんの中学高校大学の先生たち。プログラム関係なく私が教えたすべての生徒たち。Future Hackers. Boot campers. Hero Makers. MITの恩師Bill Aulet. Dukeの恩師Dr.Jean Fox O'Barr. 親友のYue Yin, Amanda von Goetz. そして、執筆中、少し寂しい思いをさせた夫Andy Gainesと息子ベンジャミン、支え続けてくれた両親と祖母。みんなに、この本を捧げます。

著者プロフィール

白川寧々

タクトピア株式会社共同創業者・北米代表。華僑。日中英のトライリンガル。6歳で来日後、日本国籍取得。フェリス女学院中学・高校時代に独学で英語を学び、米国デューク大学に進学。卒業後、米国大手コンサルティングファーム勤務を経て、マサチューセッツ工科大学（MIT）MBA修了。在学中にMITの「創造しながら学ぶ」教育理念を英語学習に取り入れ、生来のオタク気質を存分に取り込んだ、実践的英語習得メソッド「Native Mind™」を開発、MITソーシャルインパクト財団より出資を受ける。2015年にタクトピア株式会社、2017年に「Future HACK」を創設。グローバルキャリアと日中英の3か国語能力を生かして現在までに世界20か国、累計15,000人の学生に対してアントレプレナーシップ教育を行う。日本では箕面高校、聖光学院、洗足学園、立命館宇治高校、新潟国際情報高校など、全国の有名進学校から公立校まで幅広い学校とパートナーシップを組みながら生徒たちのマインドセットを変え、海外進学者を多数輩出。
2018年には「教員をグローバルリーダーに。」というミッションのもとに「Hero Makers」を創設。同事業は経済産業省「未来の教室実証事業」に採択された。
九州大学、立命館大学、奈良先端科学技術大学院大学、大阪府立大学のコンソーシアムのもとで行われたアントレプレナーシッププログラム（文部科学省 次世代アントレプレナー育成事業（EDGE-NEXT）採択）、東京都が運営する起業家支援施設Startup Hub Tokyo主催の起業家育成プログラムなどで、多数の起業家を輩出する。
その他、CIC（ケンブリッジイノベーションセンター）、Asian Leadership Conference、YPO（Young President Organization）など、国外の若手エグゼクティブやイノベーターに向けての登壇も数多く行う。
現在は「教育乱世」を提唱。著名起業家、教育者、宇宙飛行士などの日本内外のグローバルリーダーや、官公庁、全国各地の教員、企業人、大学生や高校生を巻き込みながら、教育の本質的なシフトを世界的に推し進めるための活動に取り組んでいる。

http://taktopia.com/

□写真
iStock.com/metamorworks（p42）
iStock.com/Jovanmandic（p79）
iStock.com/yamanstock（p79）
iStock.com/Milkos（p115）

以下全て口絵（p75）
iStock.com/Rawpixel
iStock.com/triocean
iStock.com/KatarzynaBialasiewicz
iStock.com /SKapl
iStock.com/Rawpixel
iStock.com/YuriyGreen
iStock.com/BartekSzewczyk
iStock.com/kiankhoon
iStock.com/SIphotography
iStock.com/imtmphoto
iStock.com/Bobex-73
iStock.com/PKpix
iStock.com/CreativaImages
iStock.com/Highwaystarz-Photography
iStock.com/Ridofranz
iStock.com/grinvalds
iStock.com/amoklv
iStock.com/Deagreez
iStock.com/Tzido

英語ネイティブ脳みそのつくりかた

2019年5月5日　第1刷発行
2019年6月5日　第3刷発行

著　者　白川寧々
発行者　佐藤　靖
発行所　大和書房
東京都文京区関口1-33-4
電話　03-3203-4511

カバーデザイン　小口翔平＋山之口正和（tobufune）
本文デザイン・図版　荒井雅美（トモエキコウ）
本文イラスト　白川寧々、荒井雅美（p7,8,56）
編集　藤沢陽子（大和書房）
編集協力　加藤紀子
カバー印刷　歩プロセス
本文印刷所　信毎書籍印刷
製本　小泉製本

© 2019 Ning Shirakawa, Printed in Japan
ISBN978-4-479-78468-5
乱丁・落丁本はお取り替えいたします。
http://www.daiwashobo.co.jp

［大和書房の好評既刊］

14歳からの資本主義
君たちが大人になるころの
未来を変えるために

NHK「欲望の資本主義」制作統括　丸山俊一（著）

いま曲がり角にある「資本主義」。NHKで大反響となった「欲望の資本主義」から見えた未来とは。グローバル化、AI、GAFA、格差社会、世界はどこまで「進化」するのか。スティグリッツ、ガブリエル、セドラチェク、コーエンなど、世界の「知性」たちの言葉とともに現代社会を理解する1冊。

定価1500円

ニューエリート
グーグル流・新しい価値を生み出し
世界を変える人たち

ピョートル・フェリクス・グジバチ（著）

「1000人の人間に会うより、ピョートルさんのこの本を読んだほうがいいって断言できる」孫泰蔵氏推薦。「楽しんで仕事をした者勝ち」の世界がやってくる。早く結果を出して自分をアップデートしていく＆社会に影響を与えることの大切さを、これからの社会予測とともに伝える。

定価1500円

※いずれも定価は税別です。

英語の遊び方 ❶

「自分はどんな人間か?」自分を語るコトバ18選で使うカードです。

詳しくは
75ページに!

思いやりのある	静かな	やさしい
独特の	生産的な	絶望的な
自己嫌悪	攻撃的な	せっかち

英語の遊び方 ❶

「自分はどんな人間か?」自分を語るコトバ18選で使うカードです。

いっぱいいっぱいな

情熱的な

楽観的な

遊び心のある

好奇心が強い

賢い

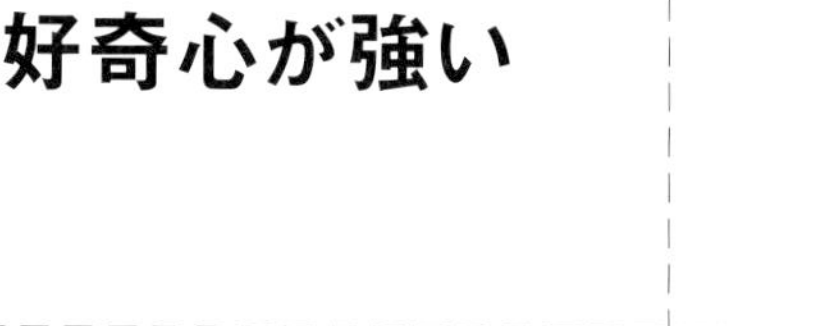

クリエイティブな

失恋

神経質な

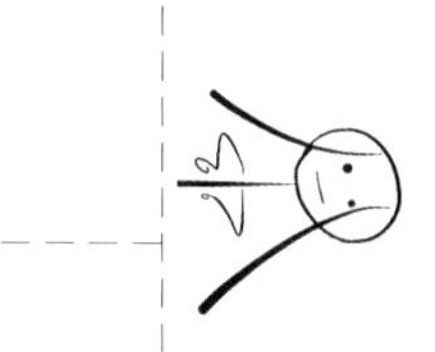

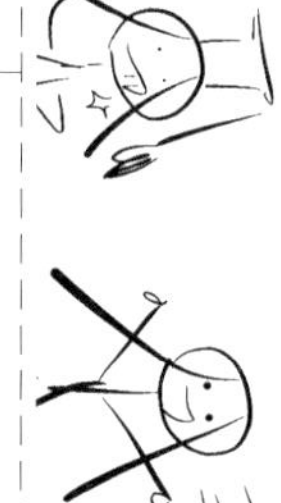